主　　编 :: 贵州省博物馆

执行主编 :: 唐　艳

编 委 会 :: 陈顺祥　王　曼　李　飞　朱良津
　　　　　　胡　进　李　甫　刘秀丹　宁健荣

校　　对 :: 张小英

盈盈花盛处

贵州省博物馆藏彩瓷精品集

贵州省博物馆——主编

唐 艳——执行主编

GUANGXI NORMAL UNIVERSITY PRESS

广西师范大学出版社

·桂林·

图书在版编目（CIP）数据

盈盈花盛处：贵州省博物馆藏彩瓷精品集 / 贵州省
博物馆主编. 一桂林：广西师范大学出版社，2019.4
　ISBN 978-7-5598-1720-4

　Ⅰ．①盈… Ⅱ．①贵… Ⅲ．①杂彩瓷(考古)－贵州－
图集 Ⅳ．①K876.32

　中国版本图书馆 CIP 数据核字（2019）第 068584 号

广西师范大学出版社出版发行

（广西桂林市五里店路 9 号　邮政编码：541004）

网址：http://www.bbtpress.com

出版人：张艺兵

全国新华书店经销

珠海市豪迈实业有限公司印刷

（珠海市香洲区洲山路 63 号豪迈大厦　邮政编码：519000）

开本：889 mm × 1 194 mm　1/16

印张：12.75　　插页：1　字数：95 千字

2019 年 4 月第 1 版　　2019 年 4 月第 1 次印刷

定价：158.00 元

如发现印装质量问题，影响阅读，请与出版社发行部门联系调换。

序

瓷器是人类的伟大创造，是中华大地上开出的绚丽之花。

在浩如烟海的瓷器艺术中，彩瓷代表了瓷器艺术登峰造极的非凡成就，是极为丰富璀璨的一大品类。贵州省博物馆所藏彩瓷品种包罗万象，年代从六朝至近现代跨越一千七百余年，风格从简单到繁华，从静雅到奢丽。它们以独特的魅力体现了技术和艺术相结合的创造力，展示了中国人审美情趣和艺术品位的嬗变，彰显了人类文明的灿烂与辉煌。

展示与教育是博物馆重要的社会功能。为方便公众更多元、更直接地了解、鉴赏博物馆所藏文物，让收藏在"深宫"中的文物活起来，我们特编辑出版《盈盈花盛处——贵州省博物馆藏彩瓷精品集》。图集首次以彩瓷为主题，收录了贵州省博物馆藏彩瓷中的重器佳品，目的在于向读者综合呈现其历史、艺术、科学、观赏等诸方面价值。

图集的出版，不仅在一定程度上满足了公众对彩瓷艺术赏析、品鉴的需求，而且打开了贵博馆藏彩瓷的一扇窗户，对于宣传馆藏文物、加强业务研究、提供学术参考等均有着重要意义。

贵州省博物馆馆长

陈顺祥

目录

综述

○　○　○　○　○　○

　　彩瓷即带有色彩装饰的瓷器，就是用特制的彩料在瓷器上绘制图案、纹饰等，以增加器物美感，达到丰富的艺术效果。彩瓷作为瓷器装饰艺术的极高表现形式，是中国瓷苑百花园中一朵光彩斑斓、熠熠生辉的奇葩，深受人们的喜爱和推崇。其历史久远，并且在漫长的发展岁月中不断得到改良、创新，留下了许多瑰宝。

　　在贵州省博物馆（以下简称"贵博"）所藏的珍贵文物中，陶瓷是重要而又丰富的门类之一。历年来通过考古发掘、国家调拨、民间征集以及交换、受捐等方式，填补藏品空缺，贵博陶瓷藏品数量不断增加。彩瓷是馆藏瓷器中重要而又精彩的组成部分，是多姿多彩的一大品类，是馆藏瓷器艺术的巅峰表现形式。贵博所藏最早的彩瓷是六朝时期的青釉点彩器，其后宋、元、明、清、民国至今都有不同数量的存藏。其中尤以清代、民国彩瓷最为突出，在数量和品种上为馆藏彩瓷的大宗。这些彩瓷器形各式各样，有盘、碗、杯、碟、壶、罐、瓶、尊、炉、笔筒、瓷塑等，展现了彩瓷的造型艺术之美。装饰技法亦极为丰富，有的在瓷器坯体上雕刻划印，有的在釉上或釉下绘画，还有的以各种彩釉加以美化。装饰题材更是百般多样，人物、动物、植物、山水、博古等纹样应有尽有。这些藏品多为陈设装饰之用，不仅反映了古人的日常生活所需，更体现了不同时代的人们对彩瓷艺术的追求和审美情趣。

　　彩瓷的出现标志着我国制瓷业在青釉瓷一统的格局下有了新的突破。自诞生伊始，彩瓷的身影在各个时期都可见到，并且创新不断，绚烂多姿，成为瓷器生产的主流品种。本文以时间为序介绍贵博馆藏彩瓷，虽不能一一详尽，但旨在介绍整体梗概的同时阐述其中的代表之作，使人们对馆藏彩瓷有较为全面的了解和认知。

六朝、唐代彩瓷

馆藏六朝时期的彩瓷，1965 年在贵州平坝地区出土，均系青釉点彩装饰。如东晋时期的青釉点彩四系罐（图1），罐高 8.6 厘米，口径 7.7 厘米，底径 7.5 厘米。造型规整，做工细腻，胎色灰黄，质地略粗。釉大多已脱落，仅在口沿下、肩部、腹部处残留些许。肩部塑有四系，每两组系之间以圆形点彩横排装饰。每个系下点彩分成左、中、右三串装饰，似箭头状，整个罐身以点彩起到很好的图案化装饰效果。另一件南朝时期的青釉褐彩四系带盖罐（图2）保存更为完好，高 8.4 厘米，腹径 12.8 厘米，底径 7 厘米，通体施青釉，釉质莹润，均有开片，在积釉处可见湖绿色。器盖上一周以大块不规则彩斑进行装饰，再配以用工具在胎体上刻划的条形齿纹，别有风味。盖顶亦用这种褐色彩斑装饰，彩斑与整个青釉色调既协调又呈现出明显的美化作用。这种褐色点彩装饰早在东汉至三国时期已经出现，东晋、南朝时期尤为突出，是当时重要的瓷器装饰手法之一，是人们在长期实践中发现并运用到瓷器上，以打破青釉瓷单调一色的装饰效果。正如贵博的这两件点彩罐，彩斑疏密有致，结构规整中又带随意，恰到好处地发挥了点彩的装饰作用，可谓馆藏早期彩瓷的代表之作，亦为我们了解六朝时期的彩瓷品种提供了不可多得的实物资料。

唐三彩是唐朝时期极为盛行的一种特殊的低温彩釉陶器，彩斑装饰变幻莫测，斑驳华丽。其虽属釉陶，但彩釉的成就对后世彩瓷，尤其是对明清时期景德镇釉上彩的发展有着重要的影响。唐三彩是贵博重要的唐代陶瓷藏品，故在此加以介绍。

唐三彩器有别于一般低温釉陶，原因在于它的制作过程和胎釉原料的不同。它以高岭土作胎，利用矿物质中金属氧化物的呈

图 1
青釉点彩四系罐　东晋

图 2
青釉褐彩四系带盖罐　南朝

图 3
三彩罐　唐

图 4
三彩方枕　唐

图 5
三彩侍俑　唐

图 6
白地黑花花卉纹枕　宋

图 7
白釉珍珠地划花婴戏莲纹豆形枕
北宋

色机理烧制而成。其制作方法系二次烧成技术制成，即在窑内经 1000℃—1100℃的素烧，冷却后再于胎上绘以各种彩料，入窑经 850℃—950℃进行烧制。这样就极大提高了成品率，也是我们今天能见到大量唐三彩的原因之一。

20 世纪 50 年代贵博建馆之初，上海市文管会拨交了一批文物支援建馆，其中一部分是唐代的三彩器。此外，贵博于北京征集和本地法律机构拨交的三彩器，构成了贵博唐三彩的收藏（图 3 至图 5）。这些器物以人物俑为主，兼有小罐、小枕、动物俑等，是唐代日常生活的缩影。一定程度上也反映了在唐代厚葬之风的影响下，唐三彩作为随葬明器使用的频率。这批三彩器釉色有黄、绿、白、蓝、赭、褐、黑等，这些丰富绚烂的釉彩是在烧制过程中，各种着色金属氧化物熔于釉中，互相浸润扩散，自然流动而得以形成。值得一提的是三彩侍俑的外衣襟处施以蓝彩装饰，其余部分以黄、白、赭几种彩釉搭配，使得这些陶俑雍容华丽，自然协调。这件三彩侍俑中蓝彩的应用，是我国最早以钴土矿作陶瓷低温彩料的装饰，因此十分珍贵。唐三彩器装饰技法亦丰富多样：三彩罐中的点彩、各种俑的涂彩、三彩枕的涂彩与刻划相结合等。这些方式皆将各种色釉在胎面上按图案设计巧妙搭配，其釉色互相渗化，使画面色彩缤纷淋漓，极富韵味，具有较高的装饰艺术效果。馆藏唐三彩器作为中国古代艺术精华的一部分，反映了唐代社会生活的点滴，体现出大唐盛世雍容大度的气魄和繁华的社会风貌。

宋、元彩瓷

宋代是历史上瓷业生产极为昌盛的时期，也是中国彩瓷的发展时期。此时名窑迭出、品种繁多，著名的五大名窑即代表了宋代瓷业的最高水平。而彩瓷方面的成就以磁州窑系的白地黑花瓷和珍珠地填彩瓷极具代表性。馆藏彩瓷中白地黑花花卉纹枕（图 6）、白釉珍珠地划花婴戏莲纹豆形枕（图 7），即是宋代磁州窑系产品中的典型之作。

这两件瓷枕具有浓郁的民间生活气息，格调朴拙粗犷，风格独特。白地黑花枕所绘的黑彩花卉奔放流畅，自然生动，黑白分明。珍珠地划花枕刻划的婴孩手持莲花，莲纹缠绕，周围密布规整的戳印珍珠纹，在刻划和戳印的地方露出褐黄胎色，显得温和静怡，非常特别。这种独特的艺术效果取决于化妆土的使用，这也是磁州窑产品的一大特点。因其胎体杂质较多，不够洁白，彩绘效果自然受到影响。聪明的工匠们便在胎体上施一层白色的化妆土，然后再在化妆土上施彩绘，这样就克服了胎体粗糙、白度不够的问题，使得黑彩鲜亮、分明。而在白色化妆土上刻划、戳印以露出深重胎色，或是在凹线处再填上一层彩色粉，则是恰到好处地利用了胎与化妆土的色差，以达到极为独特的艺术效果。两件馆藏瓷枕题材亲切生动、技法纯熟，为宋代民间喜闻乐见的彩瓷风格，再现了当时乡村城镇人们喜爱的画面。

元代是彩瓷发展承前启后的重要阶段，宋金时期南北各地的主要瓷窑在元代仍继续烧造，为明清时期彩瓷的进一步发展奠定了基础。磁州窑系产品在延续前代特点的同时，取得了不少新的成就。

白地褐花花草纹折沿盆（图8）即是馆藏元代磁州窑系的产品。这种盆是宋元时期磁州窑系产品中常见的器形，在河北彭城、陕西耀州，河南禹县、郏县，江西吉州，福建磁灶等地均有生产，元代在宋时的基础上有些变化。此盆高10.2厘米，口径29.2厘米，底径12.3厘米，造型敦厚，粗犷。胎体厚重，质地较粗，釉色泛黄而透明，有细小开片。在盆内沿、内壁处以褐色彩绘勾画出草的纹样，底部用极其抽象写意的笔法勾勒花朵纹样。这些简笔花草用寥寥几笔表现，极富笔情墨趣，体现出在蒙古族文化的熏陶和影响下，民间瓷窑的那种简练豪放、潇洒不羁的艺术风格。磁州窑系的这种彩绘装饰有釉下、釉上之分，极不容易区别。这件折沿盆的褐色彩绘光亮艳丽，润泽适度，当属釉下彩绘，若用放大镜看，彩绘上确有一层釉面覆盖。黑彩不如宋代漆黑，偏黑褐色。盆外无彩绘装饰，底部拉坯痕迹明显，露胎处可见化妆土痕迹。这件文物不仅在造型、装饰风格、彩绘等方面有鲜明的时代特色，而且使我们充分感受到

图 8
白地褐花花草纹折沿盆　元

以褐彩为墨、瓷坯为纸，将中国绘画艺术与传统制瓷工艺相结合的精妙，当为馆藏元代彩瓷的精彩之作。

明代彩瓷

青花瓷作为釉下彩中的名品，自发展成熟以来一直是瓷器生产的主流品种，至今不衰。贵博收藏明清、民国及近现代青花瓷200余件（套），明代瓷器是馆藏彩瓷的突出品种，当中有的器物堪称馆藏瓷中的镇馆之宝。

明宣德青花什锦团花深腹碗（图9）是贵博的珍贵藏品。作为明代宣德时期官窑的标准器物，极为宝贵，从中可以对当时制瓷的最高水平窥见一二。该碗造型优美，高10厘米，口径15.2厘米，底径7.9厘米，构思精巧，胎体上薄下厚，持于手中，上轻下重，极为稳妥。胎质白细，地釉白中泛青，有橘皮纹。青花色泽凝重、深沉，略有晕散，有铁锈斑，当是以进口料苏麻离青用之。纹饰系用小笔点画而成，有明显深淡不一的笔触痕迹，画工精湛，构图疏朗。白地青花，碗内底心绘缠枝牡丹一朵，弦纹两圈，内壁绘六朵折枝菊花、牡丹、莲花花纹样。口沿内外绘青花弦纹两圈，外壁绘番菊、石榴、牡丹、荔枝等团花纹样六簇。外壁近底处绘十二朵莲瓣纹样。圈足上绘两道弦纹，圈足积釉处呈淡湖绿色，底足内青花双圈楷书"大明宣德年制"六字双行款。款识笔法遒劲有力，浑厚朴拙。《陶说》叙述宣德瓷"此明窑极盛时也，选料、制样、画器、题款，无一不精，青花用苏泥渤青……故论青花，宣窑为最"，可谓明代青花瓷中的精品。

明正统、景泰、天顺三朝，历时近三十年，战争频繁，饥荒不断，朝野动荡，经济衰败，瓷器生产处于废弛与懈怠状态，不仅数量较少，且未发现署官窑年款的器物，致使此三朝瓷器面貌扑朔迷离，故过去陶瓷界称此三朝为中国明代陶瓷史上的"空白期"。然而随着研究的不断提高和深入，证实此三朝无论官窑、民窑都有烧造，但数量的确极其有限，贵博馆藏的这件青花香草龙纹盘（图10）即是实例。此盘高4厘米，口径26.3厘米，底径15.7厘米。造型淳朴、

图9
青花什锦团花深腹碗　明宣德

图10
青花香草龙纹盘　明天顺

敦厚，胎体较厚重，胎质略粗，色黄。釉色莹润，白中泛青，通体开片。盘内以青花绘香草龙一只，此龙口衔花枝，嘴唇上翘似象鼻。龙身粗短，见前爪不见后爪，毛发上冲，腿部爪毛飘逸，似向前奔跑状。龙尾分叉、卷曲变形成卷草纹样，蔓延整个盘心，起到良好的装饰作用。盘内壁绘缠枝花卉纹样，外壁亦绘香草龙两只，神态生动、可爱。青花色泽蓝中泛灰，有铁锈疤，略为晕散。青料深入胎釉之中，给人以朦胧油润的感觉。整个图案以双钩技法表现，卷草部分尤为突出。贵博能收藏到明代天顺时期的青花瓷器，实在难能可贵，它作为承上启下、开成化先河的制品，具有较高的研究价值。

明嘉靖青花牡丹三狮纹碗（图 11），青花色调浓艳泛紫，当是使用回青料所成，这也是明代嘉靖、万历时期青花瓷的典型特征。此碗高 5.6 厘米，口径 11.1 厘米，底径 4.8 厘米。敞口、圈足、口沿微外撇，碗心略为凹凸不平。胎质细腻，釉色白亮、光洁，口部涂刷一圈酱黄釉，形成酱口边。碗内有使用痕迹，光亮度减弱。碗心釉有磨损，碗内釉色较碗外壁白中泛青。碗心以青花绘盛开的牡丹花一枝，枝繁叶茂，花叶灵动。碗外壁绘狮子三只，两只向前行走，一只作回首顾盼状。三只狮子间以六朵牡丹花做间隔装饰，好似狮子行走于牡丹花丛中。牡丹花分别以上、下两个方向不同角度加以表现，花枝向两边伸展，花叶翻转，有正反之分，使牡丹花的形象更加活络。

碗外底以青花楷书"大明成化年制"六字双行款，外围双方框。这件嘉靖瓷器落的是成化年款，这种仿写款自明代中期以后直至今日，在瓷器上层见迭出。仿写款的出现与人们的好古之心以及前朝瓷器的经济价值增高有着密切的关系。成化青花瓷器属于明代瓷器中的极品，明代嘉靖、万历时期多以成化青花为楷模，大量仿制。其中有的水平颇高，达到"仿古暗合，与其无二"的境界。这件青花牡丹三狮纹碗大小适中，胎细釉润，绘画生动，青料浓翠，当为嘉靖仿成化瓷中的珍品。

"万历丁亥年造，黔府应用"款青花盖罐（图 12），是一件明万

图 11
青花牡丹三狮纹碗　明嘉靖

图 12
青花"黔府"款缠枝番莲纹盖罐
明万历

历时期王府在景德镇定烧的高档瓷器，具有典型的"官搭民烧"工艺特征，并且与贵州史实相关，乃是馆藏青花瓷中的重器和至宝。

此罐体形硕大，胎体厚重，通高53.5厘米，口径22.7厘米，腹径40厘米，底径25厘米。直口，口呈八方形，腹鼓圆，平底。整个盖罐以幽蓝明快的青花料绘制，纹饰繁缛。罐身、罐盖纹饰皆分为三层，上下协调呼应。罐的腹部纹面较大，以开光的技法突出主题纹饰，绘六角形栏格，栏格内绘缠枝番莲、番菊、芙蓉等花卉。据冯先铭先生主编的《中国古陶瓷图典》"明清王府款"载："明清两代王府定烧瓷器上的款识内容如'某府''某府上用''某府佳器''某府制用''某府造用'及'某府应用'等。器形以盘碗为主，兼有盖罐，品种以青花最为多见。从这类瓷器的造型、纹饰和胎釉看，应是明代晚期景德镇窑产品，尤其以嘉靖、万历时居多。"这件盖罐造型体大胎厚，釉面白中泛青，玻璃质感强，纹饰繁密，主体纹饰用"开光"手法表现，器盖略有变形，与器身不能很好地合拢，罐体因分段制造，接痕明显等，诸方面皆符合万历时期瓷器特点。

底款为青花楷书"万历丁亥年造，黔府应用"十字。据《明史》介绍，"府"主要是指朱姓宗室藩王的府第。明初，朱元璋大批封王，至宣德、成化时期仍继续世袭。那些异姓功臣封公、侯世袭爵位的（死后追封为王，限于本人），其府第也可同样称"府"。这里的"黔府"即与明代西南封疆大吏沐英及其后人有关。

沐英，明朝开国功臣之一，因战功卓著封"西平侯"，并"镇滇中"。沐英死后，朱元璋追封他为"黔宁王"，其子沐晟封"黔国公"世袭爵位，所在府第称为"黔府"。从沐氏的辖地范围来看，云南乃至贵州西部如毕节、威宁、水城、晴隆等土地都属他的管辖范围。沐氏家族曾在这一带进行军事、政治活动。沐氏之所以获得"黔国公"的封号，正是因为其镇守的范围与贵州有着密不可分的关系。器款"万历丁亥"正是沐英后世"黔国公"沐昌祚袭位的时间。此盖罐无论从端庄大气的造型、精致细腻的绘工，还是明艳的青花色泽，都是万历时期瓷器中的佳品。它对于研究明代后期瓷器工艺、烧造形式以及贵州历史都有着重要的意义。

　　清代是彩瓷发展的鼎盛时期，也是贵博所藏瓷器品种和数量最为丰富的阶段。从顺治至宣统各时期，或多或少都有存藏，青花、青花釉里红、五彩、粉彩、青花加彩、斗彩、杂釉彩、素三彩等各品种亦是纷繁多姿。器形以盘、碗、瓶、罐居多，亦有少量盆、缸、炉、瓷塑等。在此遴选其中一二叙述，希望能让人领略清代彩瓷的精粹与风采。

　　这个时期的彩瓷，青花是贯穿始终的品种，极为丰富。这有赖于青花瓷素雅洁静的品质和经久耐用的特性，更源于其渊远流长的历史和丰富的内涵。青花瓷从出现以来在工艺制作、描绘技法、青料使用等方面不断变化发展，出现了一次又一次的高潮。最早的青花瓷始于唐代中晚期，由河南巩县窑烧制，是当时远销中东地区的一种外销瓷。元代青花瓷进入了成熟时期，数量和质量都有了很大的突破。明代开始青花瓷有了官窑、民窑之分，并各具时代特色。永宣青花使用苏麻离青料，发色华丽浓艳；成化至正德青花使用平等青，淡雅精致；嘉靖、万历的回青料蓝紫明艳。清代继续发扬，呈现出康熙时期的青花五色，雍正、乾隆时期仿明代青料发色等典型代表，并以精细的工艺使青花瓷的烧造达到了历史巅峰。

　　清康熙青花狮子牡丹纹盖罐（图 13），系 1977 年思南县合朋瓦窑邓家堡出土，亦称为"将军罐"。这种器形初见于明代嘉靖、万历时期，至清代顺治时基本定型，康熙时广为流行。此罐造型丰满，高 52 厘米，底径 25.7 厘米，口径 20 厘米，腹径 33 厘米。罐身为直口、丰肩、敛腹、平底。有盖，盖顶有宝珠形钮，形似将军的盔帽。青花呈色鲜明浓艳，蓝中泛紫。青花所绘狮子、牡丹，寓意富贵、吉祥。纹饰清晰，用笔奔放，构图繁密严谨，层次分明。据当时交来盖罐的人叙述，当地原为和尚坟，此罐出土时装有骨灰和木炭。而此罐的出土地点思南县，在民间素来有着"庙城"之称，相传历代曾有 48 座僧寺庙宇。该罐的功用应该与之有联系，可能是佛教僧侣盛敛骨灰的器物。它的出土，为我们考证思南地区历史文化特色及庙宇分布、佛教习俗等提供了线索。加之此盖罐大气的造型、

图 13

青花狮子牡丹纹盖罐　清康熙

硬实的胎质、光润的釉面、幽蓝的青色和精良的绘工，无疑是清代青花瓷的上乘之作。

五彩湖石菊花纹盘（图14）是康熙时期五彩瓷的代表器物，亦是馆藏同类品种中最能反映五彩瓷进入巅峰时期的器物之一。该盘高2.6厘米，口径16.1厘米，底径11.5厘米，造型精巧雅致。胎质缜密，淘炼极为精细。釉质细润，呈现含蓄、深沉的光泽。胎釉结合甚好，触摸有油润之感。盘心以红彩表现菊花和花蕾，以浅绿彩描绘湖石，深绿彩描绘花叶、草穗，绿彩凸起并带有柔和的光晕。这种深浅不同的绿色表达自如，既可作陪衬又起到了突出主题的作用。以赭彩、黄彩描绘菊花和空中飞舞的蜂蝶。值得一提的是，纹饰中间一朵以蓝彩表现的花卉，彩层较厚，呈蓝灰色，在整个画面中起到很重要的陪衬作用。而在此之前，五彩中的蓝色都用釉下青花代替，蓝彩的创造性使用是彩瓷中的重要突破，意义非常。盘沿以红绿彩作锦地，在锦地上对称开光装饰，以红、绿、黄三色描绘杂宝纹样，构成盘的边饰。整个画面以平涂的手法施彩，各种彩交错应用，彩料浓艳、华贵、微微凸起，格调高雅，艺术造诣极高。

清代黔籍名宦石赞清家藏御瓷——"尘定轩"斗彩山水人物盖杯（图15），是馆藏彩瓷中的珍稀之物，系1976年石赞清的侄孙女石朴捐与贵博。据介绍，这是同治皇帝的御用品，因同治皇帝对石赞清的重用和赞赏，遂赏赐于他。石赞清（1805—1869），贵州贵阳人，清道光十五年（1835）举人，十八年进士，同治五年（1866）升任太常寺卿，后官至工部右侍郎。同治八年（1869）六月，因病乞假，九月卒，同治皇帝亲自作祭文以示哀悼，称之为清廷楷模，哀荣备享，归葬贵阳宅吉坝。

此盖杯小巧轻盈，通高6.8厘米，口径6.7厘米，底径2.7厘米，胎质细腻，绘工精湛。以釉下青花、釉上填彩相结合的形式，描绘出山路、人家、云雾、红叶、老人、童子，构成一幅和谐统一的画面，表现了唐杜牧"停车坐爱枫林晚"的诗词意境。它的精美雅致堪称道光瓷中的精品，可谓当时制瓷工艺水平的代表之作，亦是传

图14

五彩湖石菊花纹盘　清康熙

图15

"尘定轩"斗彩山水人物盖杯
清道光

世极为稀少的器物。尤其对贵州这个在历史上文化相对滞后的地区而言，若不是因为石赞清的关系，恐怕实难能有收藏。它作为贵博藏品中传承清晰的珍贵文物，具有重要历史意义，也为我们了解道光时期景德镇瓷器生产的状况提供了实物资料。

清光绪黄地紫绿彩龙纹盘（图 16）是馆藏素三彩的代表器物。这是景德镇官窑在明代基础上生产的一种宫廷用瓷，清代以康熙设计的样制为蓝本，各时期都有生产。这件龙纹盘造型规整，做工精良，高 2.5 厘米，口径 13 厘米，底径 8 厘米。通体以被认为是至尊颜色的黄色彩釉作地，盘心有紫龙、绿龙各一条在云朵中戏火珠。龙身蜿蜒，张牙舞爪，龙鳞片片清晰可见，栩栩如生。外壁绘葡萄纹四组，每组从口沿处以绿彩绘葡萄叶，以紫彩绘下垂葡萄两串，每组纹饰间距均等，纹饰规矩呈图案化。底书"大清光绪年制"六字双行楷书款。这件龙纹盘从釉色到纹饰皆体现了官窑制品、宫廷用瓷的尊贵和精致。这亦源于其一丝不苟的制作方法：先在素胎上刻划龙纹，施釉后入窑高温烧成白釉暗花器，然后用黄釉涂地，用紫、绿彩釉在事先刻划的龙纹处填绘，再经低温焙烧而成，色调显得明而不丽。作为清代后期官窑中兴之势下的产品，它让人领略到素三彩瓷器不艳不俗的独特魅力。

图 16

黄地紫绿彩龙纹盘　清光绪

慈禧御用瓷清光绪粉彩"大雅斋"寿桃瓶（图 17），可以说代表了光绪粉彩瓷的最高水平。此瓶器形硕大，高 75 厘米，口径 24 厘米，底径 24 厘米，胎体厚重、致密。纹饰以釉上各色低温彩进行描绘，由于使用了含有砷元素的"玻璃白"，并且吸收了中国绘画的表现手法，渲染出多层次、淡雅柔和的写实效果，图案立体丰富。瓶颈左右各有一只螭形耳，口外沿绘红色回纹，口沿下通体饰浅绿色釉，腹部一面绘花树一株，一面绘寿桃一株，并绘有各式花草衬托。颈部椭圆框内有"大雅斋"款，底足有"永庆长春"款。"大雅斋"瓷器在嘉庆以后瓷业逐渐衰退的晚清时期，可谓是粉彩瓷的又一次辉煌，让世人再一次感受到清代粉彩瓷的高超技艺和迷人之处。

图 17

粉彩"大雅斋"寿桃瓶

清光绪

图 18

白地金彩双龙戏珠纹杯

民国仿成化

图 19

粉彩山水纹琮式瓶　民国

图 20

《山里仙境》瓷瓶　现代

图 21

《山里人家》瓷瓶　现代

民国是彩瓷恢复与创新的时期，此时为宫廷、皇室专门烧制瓷器的御窑厂停办，全国瓷业进行改良，建立了新的瓷业公司，踵事增华，不断竞争。民国彩瓷亦是贵博馆藏彩瓷的重要部分，当中既有传统继承，也有创新变化，尤以仿古瓷为时代特色的瓷器品种不在少数，在此列举代表之作，以资鉴赏。

白地金彩双龙戏珠纹杯（图18），其造型精巧玲珑，高3厘米，口径6.3厘米，底径2.2厘米，胎质细腻、轻薄，釉质莹润。杯内底以金彩绘火珠一颗，内壁金彩绘制双龙纹样，龙身首尾呼应，四爪腾空，好似在空中行走，随时等待抢夺火珠。双龙间有火云纹，在龙的头部及四肢爪毛处，朵云纹内及火珠中心以矾红填彩绘之，使得画面更加立体生动，别具一格。底足内青花楷书"大明成化年制"六字双行款。

另一件粉彩山水纹琮式瓶（图19），长7.7厘米，宽7.5厘米，高28.3厘米，底径8.9厘米，造型呈四方形，似玉琮。胎体厚重，釉呈白灰色，略显稀疏。以粉彩在瓶身通体绘制山水、树木、人物、亭台楼阁等纹样。彩料略厚，立体感强，色泽艳丽丰富。尤其是远处山石若隐若现，处理极其到位。底部蓝料楷书"乾隆年制"四字双行款。

这两件器物虽然落的是明成化、清乾隆的款识，但综合各方面特征来看，应是民国仿古瓷。这种后朝仿前朝瓷器从明代开始就屡见不鲜，有的制品仿其造型，有的则仿其釉色、纹饰、款识等。这两件器物在模仿前朝瓷器的同时又呈现出民国瓷器自有的特点，让我们对民国仿古瓷的风貌略窥一斑，有着特殊的意义。

2012年，贵博收藏了一批江西景德镇现代瓷艺作品，均出自景德镇现代陶瓷工艺美术大师之手。这些器物有青花瓷瓶、青花瓷板画、粉彩瓷板画（图20至图23）。胎釉极为细腻。瓷瓶细颈圆腹，造型独特。光泽感强，色彩艳丽，绘工高超。青花远淡近浓，层次丰富。粉彩瓷板画以写实技法表现，紫藤、公鸡寓意吉祥。它们作为反映现代景德镇陶瓷艺术水平的作品，具有一定的收藏价值，亦为贵博进一步丰富近现代彩瓷藏品的研究提供了资料，更是为现代陶瓷文化艺术的保护与传承奠定了基础。

这里呈现的贵博馆藏彩瓷可谓绚烂缤纷，它们不但承载着深厚的历史文化信息，具有较高的研究价值，而且因其制作技法高超，装饰效果层出不穷，拥有不同凡响的艺术魅力。

本书遴选了贵博馆藏彩瓷的百余件（套）精品，将各色品种集中展示，以飨大众。相信读者在对其进行鉴赏的同时，定能品味到它们的明静与热烈、温雅与豪宕。

走进其中观之望之，仿佛置身盈盈花盛处。

图 22

"紫气东来"瓷板画　现代

图 23

"苍山"瓷板画　现代

馆藏彩瓷
分类

○　○　○　○　○　○

　　贵博馆藏彩瓷造型各异，题材丰富，装饰技法琳琅满目，种类更是纷繁复杂。为了更为集中、清晰地呈现，馆藏彩瓷可分为：釉下彩、釉上彩、青花加彩、杂釉彩和素三彩五大类。

釉下彩

釉下彩，瓷器的一种主要装饰方法，即彩色纹饰呈现在瓷器表面釉之下。制作方法是用色料在成型的坯胎上进行描绘后，施以透明釉，入窑经 1200℃—1250℃ 左右的高温一次烧成。其色彩鲜艳夺目，并且处于透明釉覆盖下，经久耐用，无毒无害，受人喜爱。

　　最早的釉下彩产生于三国时期，是一种以铁为着色剂，并施以青釉的装饰工艺。南京雨花台长岗村三国吴末墓葬中出土的盘口盖罐，是我国最早的釉下彩绘瓷。该盖罐通体绘柿蒂、人首鸟身、仙草、异兽及穿插其间的云气、莲瓣等褐色彩绘，富有神秘色彩，是研究早期绘画艺术和彩瓷工艺的重要标本。唐、五代时期，釉下彩瓷器在湖南长沙窑、浙江越窑、陕西黄堡镇耀州窑等均有烧造，尤以长沙窑釉下彩最为丰富。长沙窑釉下彩在青黄釉下呈现褐绿色或蓝绿色的彩绘人物、山水、花鸟或题写诗句，这种装饰方法说明唐代已从注重瓷器的釉色之美转移到瓷器的彩绘装饰之上，对彩瓷的发展产生了深远影响。宋、金时期，北方磁州窑及其体系是民间最大的烧制釉下彩的瓷窑，有白地黑花、釉下黑彩划花、绿釉釉下黑花、白釉釉下酱花等品种，其中白地黑花最具特色，影响最广。以河北观台、彭城为中心的窑区，以及河南鹤壁窑、禹县扒村窑、修武当阳峪窑、登封曲河窑、江西吉州窑等均有烧造。以氧化铁或含铁量较高的矿物斑花石作着色剂，在化妆土上绘画，上釉后经高温烧制，形成黑白对比强烈的纹饰。这种富有乡土气息和生活情趣的品种，从北宋开始历经 500 余年，各地广为烧造，为后来的彩瓷发展奠定了基础。元、明、清时期，釉下彩瓷工艺极为成熟，品种丰富。景德镇的青花、釉里红、青花釉里红、釉里三色和湖南醴陵窑的釉下五彩等，都是我国古代传统名瓷产品，享誉中外。

青花

青花瓷有青翠欲滴、幽静可爱、静怡素雅之美，作为我国传统瓷器品种，已有上千年的历史。它的制作是以天然钴料为呈色剂，在瓷器胎体上直接进行描绘后，再施透明釉，经1300℃上下的高温一次烧成，使色料充分渗透于胚釉之中，形成莹润光洁、蓝白相间的纹饰。青花瓷有釉下彩的工艺优势和瓷画的美学艺术价值，从古至今备受世人的喜爱和珍视。清人龚鉽在《景德镇陶歌》中赞道："白釉青花一火成，花从釉里透分明。可参造化先天妙，无极由来太极生。"

唐代是青花瓷的滥觞期，考古发掘已多次发现证实。1975年在扬州唐城遗址未经扰乱的唐代文化层出土青花瓷片；1998年印尼"黑石号"沉船出水三件唐青花；近年来在河南巩义市唐代窑址发现的实物遗存，成为人们探索唐青花的基础。从这些实物来看，其青料发色浓艳，蓝中透绿，带结晶斑，应是从中东地区进口的低锰低铁含铜钴料。胎质多粗松，呈米灰色，烧结度较差。纹样具有异域风貌，胎釉之间施化妆土。

由于其生产窑口在北宋初年的衰落和钴料缺乏等原因，唐至宋代，青花瓷并没有发展起来。到目前为止，我们能见到的宋青花只有从浙江省两处塔基遗址出土的十余片瓷片，胎质有的较粗，有的较细。浙江省本地有着丰富的钴土矿，这些青花瓷应该就是使用了本地的钴料，它们与唐青花并无直接的延续关系。

成熟的青花瓷出现在元代的景德镇，至此便呈现出旺盛的生命力，迅速发展起来。元青花瓷的胎由于采用了"瓷石＋高岭土"这样的二元配方，烧成温度提高，焙烧过程中的变形率减少。多数器物的胎体也因此厚重，造型厚实饱满。底釉分青白和卵白两种，青白釉因釉中含钴呈色泛青，卵白釉透明度差，乳浊感强。其使用的青料包括国产料和进口料两种，国产料为高锰低铁型青料，呈色青蓝偏灰黑；进口料为低锰高铁型青料，呈色青翠浓艳，有铁锈斑痕。在部分器物上，也有国产料和进口料并用的情况。纹饰布局上最大的特点是构图丰满，层次多而不乱，器形主要有盘、罐、瓶、壶等，尤其以竹节高足杯、连座器、八棱器等最具时代特色。

明代在继承元代生产工艺的同时，向多样化发展。加之官窑（御器厂）的设置，更是不惜工本，质量精益求精。而青花瓷以其独特的优势，在明朝瓷业中超群绝伦。永乐、宣德时期可谓青花瓷发展的黄金时期，以制作精美著称。此时期所用青料，以苏麻离青为主，多见铁锈斑痕，也有部分国产青料。胎质细腻致密，釉质肥润，多见橘皮纹。尤其是出现了一些无挡尊、绶带扁瓶、花浇等外来器形，反映了这一时期与外域、外族的文化交流与融合。贵博馆藏明宣德青花什锦团花深腹碗（图1-1），就是一件体现这一时期青花瓷成就的代表之作。成化时期是青花瓷发展的第三个高峰，瓷器以小巧精致、玲珑淡雅著称。纹饰布局前期疏朗，后期稍繁密，胎质细腻洁白，釉极细润有玉质感。以使用回青料为标志的嘉靖、万历青花是明代青花瓷的又一代表，此时青花以色泽浓艳泛紫为典型特征。贵博所藏的明嘉靖青花牡丹三狮纹碗（图1-5），胎细釉润，碗心以青花绘盛开的牡丹花一枝，枝繁叶茂，花叶灵动。碗外壁绘狮子三只，两只向前行走，一只回首顾盼，栩栩如生。青花发色浓翠、明丽，笔道轮廓清晰，绘画生动，当为嘉靖青花瓷中的珍品。天启、崇祯时期青花瓷在民间窑场中非常兴盛，产量很大。由于此时不再受官窑宫廷制样的束缚，民窑更为自由地表达，出现了活泼随意的草虫图、各类动物、人物戏曲故事图、山水景物图等。画面开阔，多有大写意的情趣，艺术效果不凡。馆藏青花丹凤朝阳碗（图1-9）、人物纹杯（图1-10）等都是典型的晚明青花瓷，意境与笔法具有文人画风格，并出现混水浓淡之分，为清代青花瓷的发展奠定了基础。

清代的青花瓷继承了明代遗风，并加以发展，将青花瓷的烧造工艺推到了极致。当中又以康熙时期的成就最大，以"五彩青花"代表青花瓷的巅峰。此时期造型多样，工艺精致，色泽青翠，墨分五色，变化无穷。如馆藏清康熙青花山水人物纹笔筒（图1-29），即用深浅不一的青料绘山水、人物等，具有远淡近浓、阴阳向背的立体感。发色青幽翠蓝、明快亮丽，恰似中国传统水墨画的艺术效果，工艺水平高超。清乾隆以后因粉彩瓷等的繁荣发展，青花瓷逐渐走向衰退，在光绪时曾一度复兴，大量烧造，主要仿清康、雍、乾的作品，精致之作几可乱真。

1-1　青花什锦团花深腹碗　明宣德

高 10 cm，口径 15.2 cm，底径 7.9 cm

1-2 青花福字碗 明正统
高 6.2 cm，口径 14.8 cm，底径 6.3 cm

1-3 青花福字碗 明正统
高 7 cm，口径 15 cm，底径 6 cm

1-4　青花香草龙纹盘　明天顺

高 4 cm，口径 26.3 cm，底径 15.7 cm

1-5 青花牡丹三狮纹碗 明嘉靖

高 5.6 cm，口径 11.1 cm，底径 4.8 cm

1-6　青花"黔府"款缠枝番莲纹盖罐　明万历

高 53.5 cm，口径 22.7 cm，腹径 40 cm，底径 24 cm

1-7 青花人物纹杯 明万历

高 4.4 cm，口径 7.9 cm，底径 4 cm

1-8　青花叶片纹小瓶（2个）　明万历至天启

高 11.9 cm，口径 4.4 cm，底径 3.7 cm

1-9 青花丹凤朝阳碗 明天启

高 4.8 cm，口径 13.9 cm，底径 7 cm

1-10 青花人物纹杯 明天启

高 3.6 cm，口径 5.6 cm，底径 2.3 cm

1-11　青花松竹梅纹碗　明

高 4.7 cm，口径 9.2 cm，底径 3.9 cm

1-12　青花人物诗纹碗　明

高 8.2 cm，口径 16.6 cm，底径 7.3 cm

1-14　青花盖罐　明

高 15.1 cm，口径 5 cm，底径 6.3 cm

1-15　青花缠枝花纹盖罐　明

高 15.5 cm，口径 6 cm，腹径 11.2 cm，底径 36.5 cm

1-13　青花盖罐　明

高 15.1 cm，口径 5.1 cm，底径 6.3 cm

1-16　青花撇口蘸碟（8个）　明

高 2.5 cm，口径 8.55 cm，底径 3.3 cm

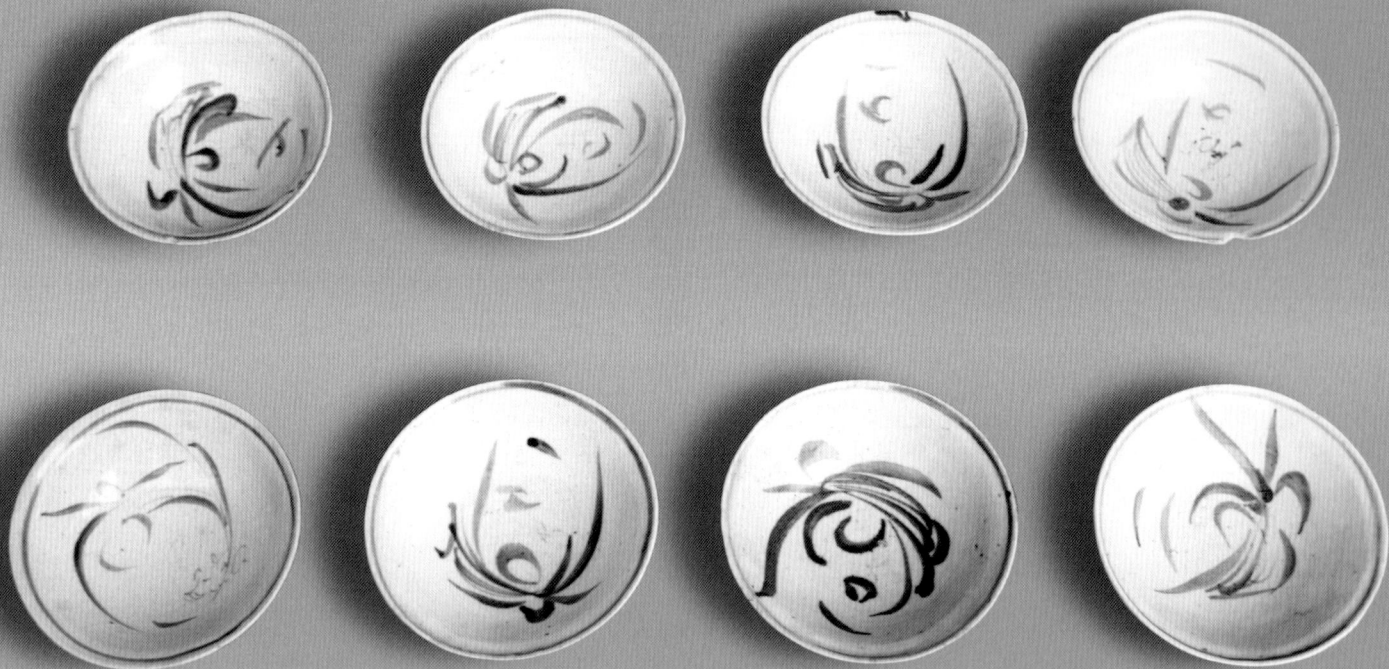

1-17　青花兰草纹敞口碗（8个）　明

高 3.6-3.9 cm，口径 12-12.4 cm，底径 5.7-6 cm

1-18　青花菊花纹碗　明

高 5 cm，口径 12.2 cm，底径 6.4 cm

1-19　青花牡丹双鸟纹杯　明

高 4.9 cm，口径 8.75 cm，底径 3.7 cm

1-20　青花牡丹草虫纹碗　明

高 4.7 cm，口径 9.05 cm，底径 3.85 cm

1-21 青花折枝花纹碗 明

高 5.7 cm，口径 11.6 cm，底径 4.8 cm

1-22　青花敞口碗（10个）　明

高 4.9 cm，口径 13.7 cm，底径 5.1 cm

1-23　青花缠枝花卉纹碗　明末清初

高 6.5 cm，口径 14.4 cm，底径 5.6 cm

1-24　青花麒麟芭蕉纹罐　清顺治

高 24 cm，口径 8.5 cm，足底 13 cm

1-25　青花云龙纹钵式炉　清康熙

高 8.5 cm，口径 13.8 cm，底径 7.5 cm

1-26 青花人物故事纹盖罐 清康熙

高 36.5 cm，口径 13.3 cm，底径 15 cm

1-27　青花葡萄纹坦口碗　清康熙

高 5.5 cm，口径 17.6 cm，底径 6.2 cm

1-28 青花山水纹敞口瓶　清康熙

高 24.4 cm，口径 10.9 cm，腹径 12.3 cm，底径 8.8 cm

1-29　青花山水人物纹笔筒　清康熙

高 15.2 cm，口径 12 cm，足底 12 cm

1-30　青花九凤花卉纹瓶　清康熙

高 44.8 cm，口径 11.5 cm，底径 12.8 cm

1-31　青花开光课子图罐　清康熙

高 19.5 cm，口径 10.5 cm，底径 12.7 cm

1-33　青花云龙纹盘　清康熙

高 4.7 cm，口径 27.1 cm，底径 16 cm

1-32　青花狮子牡丹纹盖罐　清康熙

高 52 cm，口径 20 cm，腹径 33 cm，底径 25.7 cm

1-34　青花鹭鸶莲花纹盘　清雍正

高 5.5 cm，口径 23.3 cm，底径 14.2 cm

1-35　青花松鼠葡萄纹盘　清雍正

高 5.8 cm，口径 28.5 cm，底径 17.6 cm

1-36　青花缠枝番莲纹尊　清乾隆

高 17.1 cm，口径 5.5 cm，底径 6.5 cm

1-37　青花荷莲纹碟　清乾隆

高 1.8 cm，口径 7.8 cm，底径 6.2 cm

1-38　青花缠枝莲纹唾壶　清乾隆

高 5 cm，口径 4.5 cm，底径 8.4 cm

1-39 青花人物纹六方形瓶　清乾隆

口径 14.8 cm，高 44 cm

1-40　青花熏炉　清嘉庆

高 22 cm，口径 15 cm，底径 10.5 cm

1-41　青花荷塘鸳鸯纹碗　清嘉庆

高 7.3 cm，口径 16.3 cm，底径 9.8 cm

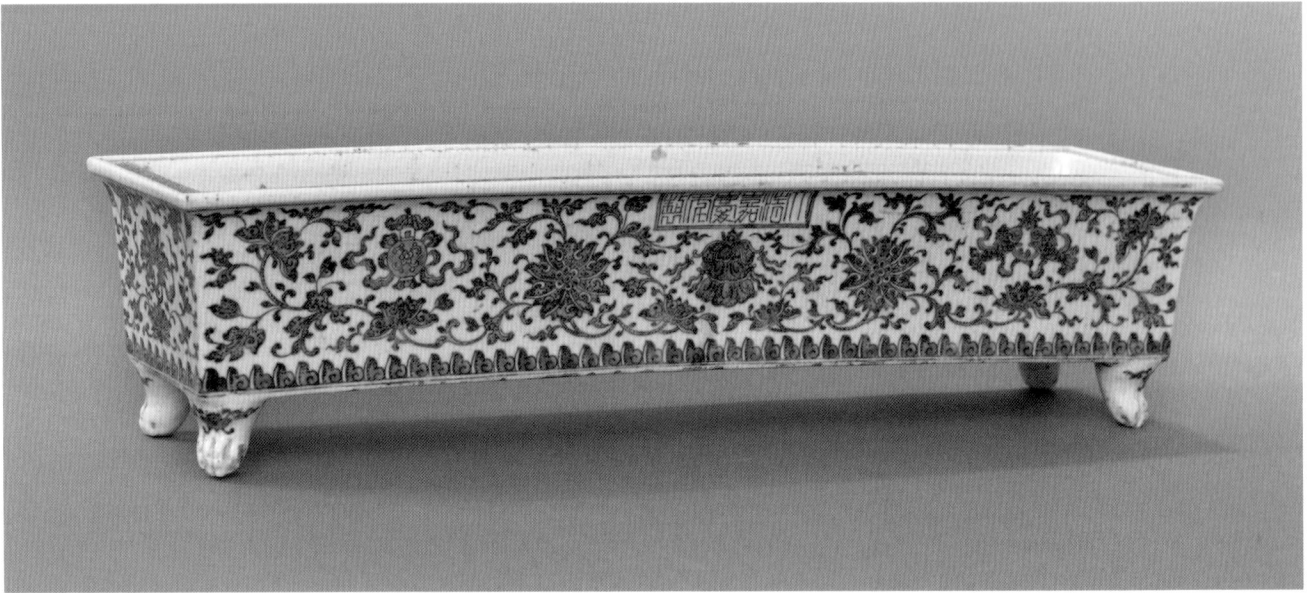

1-42　青花缠枝花卉四足炉　清嘉庆

长 46.2 cm，宽 11.7 cm，高 10.9 cm

1-43　青花菊石鹌鹑纹胆瓶　清道光

高 44 cm，口径 9 cm，底径 13.5 cm

1-44　青花四系锦葵纹盖罐　清同治

高 17.5 cm，口径 14 cm，底径 10 cm

1-45　青花花卉纹方花盆　清光绪

长 12.1 cm，宽 8 cm，高 5.7 cm

1-46　青花缠枝莲纹赏瓶　清光绪

高 38.2 cm，口径 9.7 cm，底径 13 cm

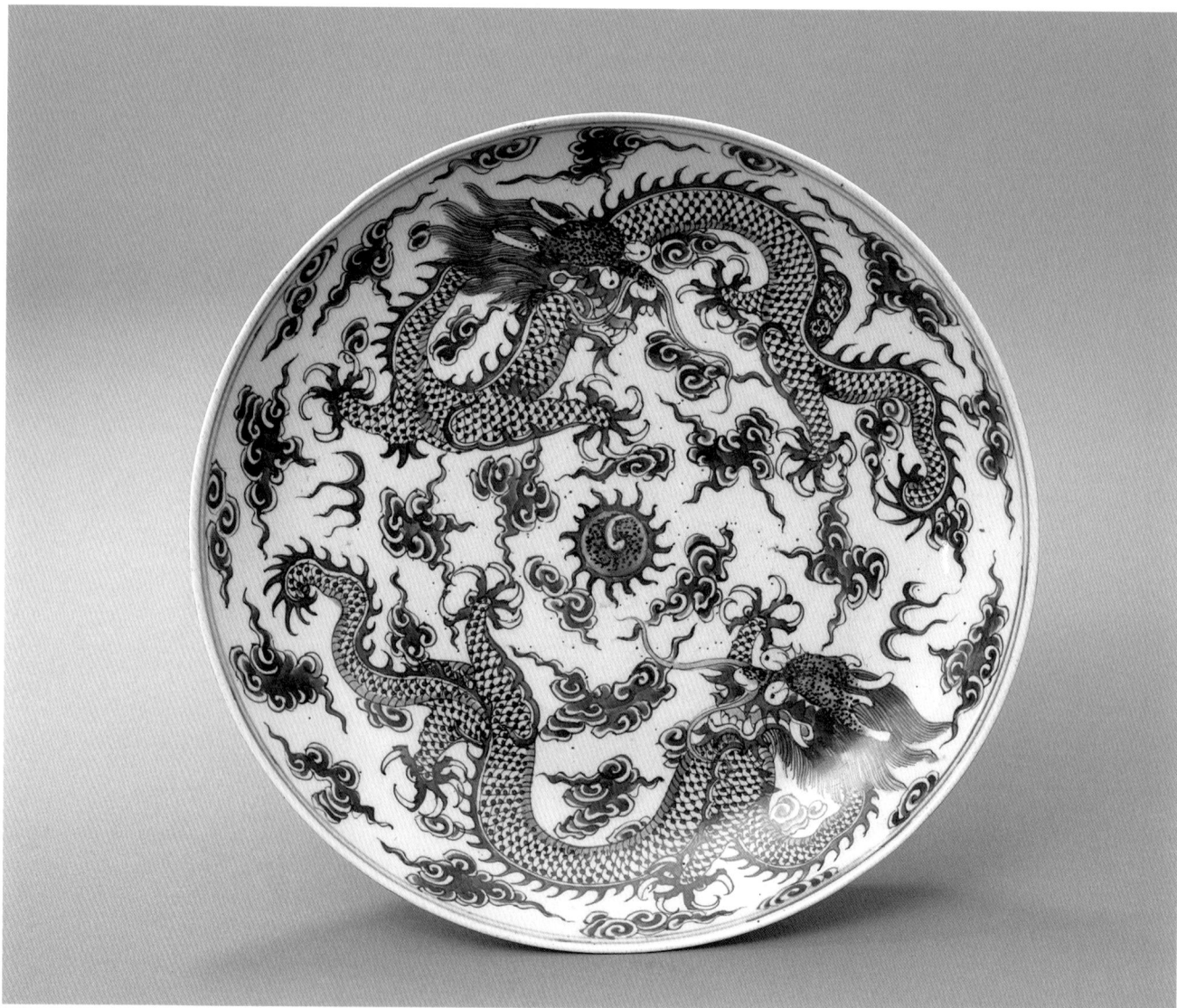

1-47 青花云龙纹盘 清光绪

高 4.8 cm，口径 34.2 cm，底径 20.2 cm

1-48　青花龙蝠团凤纹罐　清光绪

高 20 cm，口径 16 cm，底径 7.5 cm

1-49　青花开光山水花卉八棱花盆　清

高 25.6 cm；口径：长 40.6 cm，宽 40.5 cm；底径：长 29.5 cm，宽 29.2 cm

1-50　青花人物纹瓶　清

高 42.6 cm，口径 18.5 cm，底径 16.8 cm

　　青花釉里红，瓷器釉下彩品种之一，是将以钴呈色的青花，以铜呈色的釉里红，两种彩料同施于一件器物上的装饰方法，可形成红蓝搭配相映成趣的艺术效果。因二者性质不同，烧成温度以及对窑室气氛要求也有差异，故烧成红、蓝两种彩料发色均匀、艳丽的器物并非易事。

　　将铜作为陶瓷上的呈色剂使用，最早见于汉代的铅釉陶上，但那是铜在低温氧化气氛中呈现的绿色。目前考古资料表明，铜在高温还原过程中产生红色，最早出现在唐代的长沙窑。但当时的胎、釉都不够适合，所以只是处于初级阶段。元代在景德镇有烧制成熟了的釉里红，并且创烧了青花釉里红这一品种，河北保定发现的元代青花釉里红是我国最早见到的品种。由于这种釉下彩烧成技术极难，要求极高，故成品率很低。明代永乐、宣德时期是青花釉里红发展的高峰时期，之后便趋见衰退，极少有见，偶见于晚明时官窑、民窑中，但已不再大面积使用，仅作为局部纹饰的点缀，呈色稍逊。

　　清康熙时，青花釉里红再一次发展起来，并且在雍正、乾隆时期极为昌盛、精彩，造型丰富，呈色鲜亮，达到了历史最高水平。贵博馆藏清乾隆福禄寿纹汤碗（图1-51），外壁一周绘双鹿、双蝠、古松、灵芝、湖石、红日等，除双蝠单纯用釉里红表现外，其余纹饰均以青花表现或以青花勾勒框架后用釉里红填绘其中，整个纹饰寓意福寿吉祥。另一件乾隆青花釉里红云龙纹缸（图1-52），胎体较厚重，釉色均匀光亮，外壁上双龙身体主要躯干部分都以釉里红表现，龙头和四爪用青花描绘。双龙张目吐舌，龙身弯曲，龙爪有力，似在云中奔走，极富动感。部分火云纹亦用釉里红装饰，这样的结构更显现出图案的张力。嘉庆、道光以后，青花釉里红开始衰败，较为少见。贵博所藏的清嘉庆青花釉里红松鹤花鸟纹瓶（图1-53），可谓这个时期中的佼佼者。

1-51　青花釉里红福禄寿纹汤碗　清乾隆

高 9.1 cm，口径 21 cm，底径 8.1 cm

1-52　青花釉里红云龙纹缸　清乾隆

高 18 cm，口径 21.7 cm，底径 11.7 cm

1-53　青花釉里红松鹤花鸟纹瓶　清嘉庆

高 52 cm，口径 9.3 cm，底径 15.5 cm

1-54　青花釉里红人物纹瓶　清道光

高 34 cm，口径 7.8 cm，腹径 20 cm，底径 8 cm

1-55　青花釉里红花鸟纹瓶　清

高 35 cm，口径 15.5 cm，底径 17.5 cm

釉上彩

釉上彩，瓷器的装饰方法之一，即彩色纹饰呈现于瓷器表面釉之上。其特点是装饰由简单到复杂，釉色由一种到多种，彩料应用广泛，色泽鲜艳丰富，极具装饰性和艺术性。

　　最早的釉上彩出现在西晋晚期，以点彩作为装饰，东晋、南朝时期广为流行。这是一种高温釉上彩，其彩料施于生釉上经高温一次烧成。呈色单调，多显黑色或黑褐色，彩料多向釉中扩散，附彩较牢固。唐代长沙窑、金元时期磁州窑的彩瓷中有一部分亦属高温釉上彩。真正意义上的低温釉上彩是在宋、金时期出现并不断发展起来的，开启了多彩装饰的先声。如河北磁州窑、河南禹县扒村窑、山西长治窑等，均发现了在白釉碗中用红、黄、绿等彩绘加以装饰的方式。低温釉上彩是用二次烧成的方法，其制作是在烧成的高温瓷器之上施以各种彩绘，再入窑低温焙烧而成。所用彩料多为含铁、铜、钴、锰等的天然矿物，由于几乎不受釉料的影响，能烧出高温彩所不能达到的鲜艳效果。明、清时期，釉上彩大为发展，从釉上单彩到五彩、粉彩、珐琅彩、浅绛彩、各种颜色釉上加彩等，极为丰富。

五彩

　　五彩是景德镇窑在宋、元时期釉上加彩的基础上发展起来的，俗称"古彩"，属于瓷器釉上彩的主要品种之一。基本色调以红、黄、绿、蓝、紫等彩料为主，按纹饰的需要施于釉上，再在770℃—800℃的彩炉中二次焙烧而成，色泽呈玻璃状，有坚硬的质感，所以又称"硬彩"。

　　明清是五彩瓷大为发展、成熟的时期。明代由釉上单彩逐渐发展成釉上多彩。早期以釉上单彩为主，极少釉上五彩的发现，上海博物馆藏红绿彩莲花纹梅瓶、故宫博物院藏五彩八仙人物香筒及日本收藏的五彩楼阁敛口碗是此时期的少见品种，说明这时已开始注重釉上彩的烧制，为五彩瓷的进一步发展奠定了基础。明中期是五彩瓷发展并成熟的阶段，有红、黄、绿、姹紫、孔雀绿、赭、黑等，色彩丰富，制作精美。嘉靖、万历时期，五彩瓷盛极一时，大量生产。色泽浓艳、纯正，尤其突出红色，艳丽至极。其中在黄彩上施红彩者，红黄二色重叠，凝重柔美，极为特别。

　　馆藏清顺治五彩菊花纹盖罐（图2-2），是清初过渡时期的器物。以红、黄二色描绘花朵，红花花瓣处作留白装饰，以绿色描绘枝干和叶片，在罐盖和罐身底部以红绿彩作交替装饰。施彩浓艳，突出红绿二色，彩面缺乏光感，具有晚明遗风。康熙时期是五彩瓷的高潮阶段，无论造型、纹饰、用彩都有许多新的突破，成就非凡。尤其是釉上蓝彩的使用，替代了之前蓝色用釉下青花表现的情况，更显艳丽。黑彩、金彩、红彩、绿彩等的重用，使器物更显五光十色，富丽堂皇。除白地彩绘之外，还有各种色地五彩，如黄地五彩、绿地五彩、黑地五彩等，色彩鲜艳明亮。馆藏清康熙五彩携琴访友瓶（图2-4），腹部绘一官员弓身前后顾盼，一童子携琴相随，衬以山石、坡岸、栏杆等，色彩鲜艳，光泽透彻明亮。人物衣饰、山石主要以绿彩表现，以红彩点缀花朵、衣服边饰、栏杆及瓶肩部的装饰带。人物的帽饰、鞋子、发饰处以黑彩表现，瓶颈和外沿处亦以黑色绘竹叶装饰。黑彩漆黑光亮，衬托在红、绿彩中，增强了绘画效果。清雍正以后因粉彩瓷大为发展流行，五彩瓷不再占主导地位，生产较少。同治、光绪时期有一些仿康熙五彩的制作，但已无法再与当时的五彩相比拟。

2-1 五彩花卉盖碗 明

高 5.9 cm，口径 11 cm，底径 6.1 cm

2-3　五彩湖石菊花纹盘　清康熙

高 2.6 cm，口径 16.1 cm，底径 11.5 cm

2-2　五彩菊花纹盖罐　清顺治

高 10.3 cm，口径 4.7 cm，底径 5 cm

2-4　五彩携琴访友瓶　清康熙

高 19 cm，口径 6.4 cm，底径 5.8 cm

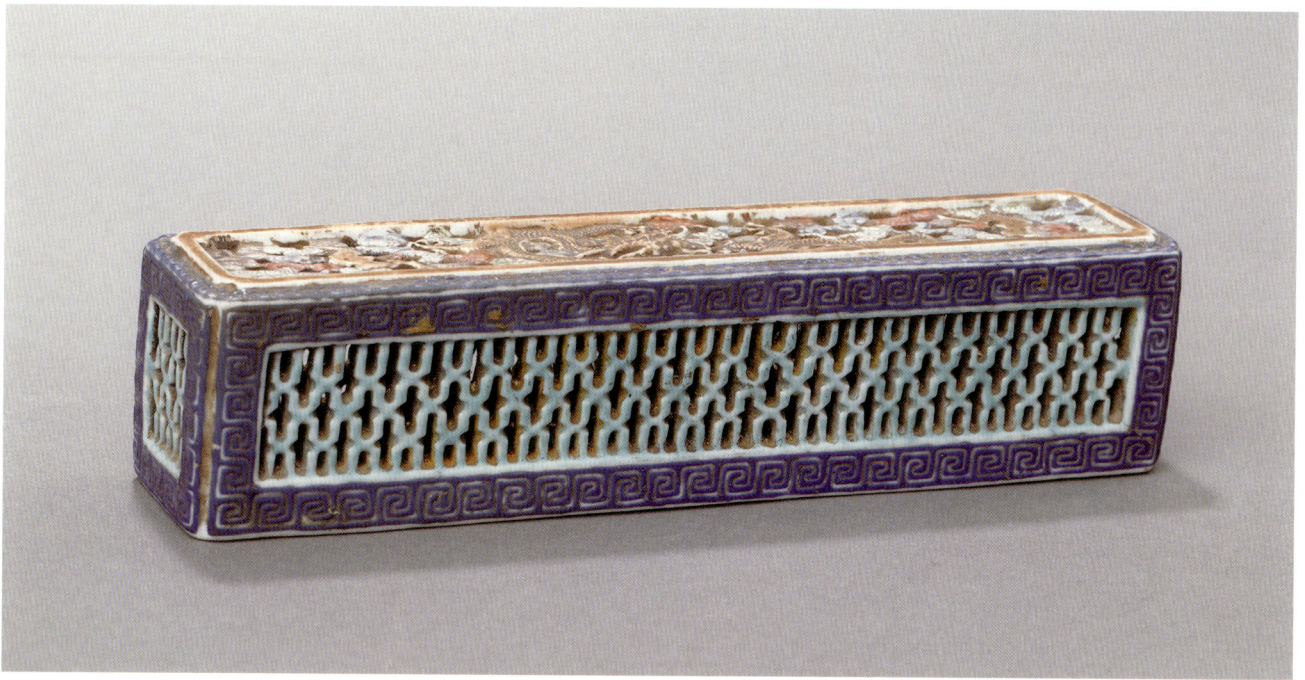

2-5 五彩贴金镂花云龙香盒　清乾隆

高 4.5 cm，宽 4.3 cm，长 20.1 cm

2-6　五彩鱼蝠纹小缸　清同治

高 6.1 cm，口径 14.8 cm，底径 7.3 cm

2-7　珊瑚红地描金开光五彩人物笔洗　清同治

高 7.6 cm，口径 22.5 cm，底径 20 cm

2-8　五彩仕女人物盘　清光绪

高 2.2 cm，口径 10.4 cm，底径 6.1 cm

2-9　黑地五彩梅鹊纹方瓶　清

高 50.2 cm，口径 11.9 cm，底径 11.8 cm

2-10 五彩缠枝莲花寿字纹敞口碗 清

高 8.1 cm，口径 17.9 cm，底径 7 cm

2-11　五彩刀马人物盖罐　清

高 29.9 cm，口径 9.6 cm，底径 14.1 cm；

盖直径 11.5 cm，腹径 23.5 cm

2-12　五彩团龙纹太白尊　民国

高 8.5 cm，口径 3.5 cm，底径 12.3 cm

粉彩是五彩进一步发展与升华的结果。康熙晚期创烧，极盛于雍正、乾隆，延续至民国和近现代。其制作工序是在高温烧成的白瓷上用墨线起稿，然后在图案内填上含有砷元素的玻璃白，彩釉施于玻璃白之上，经720℃—750℃低温焙烧而成。因烧成温度较五彩低，色彩柔和淡雅，又称"软彩"。粉彩瓷充分吸收了中国绘画的表现手法，层次立体丰富，色彩粉润柔和，秀丽雅致。

粉彩瓷自出现以后，官、民窑都大量生产，流传下来的传世品也较多。康熙时期的粉彩尚处于初始阶段，质量不够好，数量亦较少。如故宫博物院藏粉彩水丞和粉彩盘、国外收藏的粉彩大尊及一些民间散存的清代早期民窑粉彩器，其共同特征是仅在局部用粉彩装饰，大多数彩绘仍然用五彩技法表现，彩料粗糙，施彩浓重。

雍正时期的粉彩瓷空前发展，至精至美，并形成了彩瓷主流。这主要取决于几个方面的原因：雍正白釉瓷器的高度发展，为粉彩瓷提供了良好的制作基础。在正式彩绘前做烧制实验瓷片的技术创新，降低了粉彩烧制前后的色彩差别，更好地保证了彩绘效果。绘画技法精湛高超，利用平涂、渲染、点、洗、皴等虚实结合的方法，达到多层次、立体、丰富的艺术效果。

乾隆时期粉彩瓷在结合前两朝制瓷工艺的同时，发扬创新，别致新颖，呈现出千姿百态、缤纷绚烂的盛况。此时出现了如红地粉彩、黄地粉彩、绿地粉彩及金、紫、酱色、粉青、豆青等各种色地粉彩瓷。还流行"锦上添花"装饰，即在色地上刻划细小的花纹，再于其上填绘各色图案，有的还以开光形式加以装饰，在繁缛的锦地上突出主题亮点。造型纷繁多样，猎巧新奇之物盛多，如各式镂雕瓶、转心瓶、大套瓶、交泰瓶、瓷塑人物瓶等，富有玩赏意味。当然，其中仍有许多传统的白地粉彩器，极具欣赏价值，如馆藏粉彩雉鸡牡丹纹盘（图 2-14）。盘内以浅红、浅黄两种色调表现盛开的牡丹纹样，以深浅不同的两种绿色表现牡丹花叶，非常立体写实。以红彩表现的梅枝尤其醒目，梅枝上立有两只锦毛雉鸡。整个画面清新雅致，构图合理，别有韵味。

嘉庆以后随着经济的衰退，粉彩瓷的生产在官、民窑中都开始走向下坡，整体呈现出不如康乾盛世的局面。但值得提到的是，贵博馆藏同治时期的一套粉彩博古桌器（图 2-22），由 110 个大小不同、造型有别、花色各异的盘、碗、杯、碟组成，极为丰富。主要有器内施绿釉、器外绘粉彩，器内、器外都作彩绘两种装饰方法。所绘彩绘有博古、八卦、花卉、鸟鱼、蝴蝶、蝙蝠及皮球花等各种纹饰，可谓琳琅满目。另外，光绪时期的粉彩牡丹菊花纹碗（图 2-25）、粉彩花鸟纹碗（图 2-26）、粉彩"大雅斋"寿桃瓶（图 2-31）等亦是突出的器物，它们呈现出清代后期粉彩瓷中或绚烂、或精致的一面，很是珍贵。

2-13 粉彩鱼藻纹缸 清康熙

高 19 cm，口径 22.5 cm，底径 11.7 cm

2-14　粉彩雉鸡牡丹纹盘　清乾隆

高 6.5 cm，口径 40.4 cm，底径 23 cm

2-15　粉彩开光山水人物花卉纹脸盆　清乾隆至嘉庆

高 12.6 cm，口径 38 cm，底径 16 cm

2-16　粉彩人物纹笔筒　清嘉庆

高 14.8 cm，口径 18.4 cm，底径 17.9 cm

2-17 粉彩山水纹大碗　清嘉庆

高 7 cm，口径 16.6 cm，底径 6.5 cm

2-18 米黄地粉彩花卉草虫纹盘（4个） 清道光

高 3.9 cm，口径 24.3 cm，底径 14.9 cm

2-19 粉彩蝴蝶牡丹纹碟（2个） 清道光

高 2.6 cm，口径 12.9 cm，底径 7.5 cm

2-20　米色地粉彩缠枝番莲纹盘　清道光

高 3.7 cm，口径 23.5 cm，底径 15 cm

2-21　粉彩花鸟八宝纹脸盆　清同治

高 13.2 cm，口径 36.5 cm，底径 20 cm

2-22　粉彩博古桌器（110个）　清同治

大：长 28 cm，宽 21.5 cm，高 7 cm；中：长 16 cm，宽 15 cm，高 6.5 cm；小：长 5 cm，宽 2.5 cm，高 3 cm

2-23　粉彩开光仕女象耳尊　清同治

高 35.1 cm，口径 11.7 cm，腹径 22.4 cm，底径 16.5 cm

2-24 粉彩温酒器 清同治

高 6.7 cm，口径 5.5 cm，底径 7.9 cm

2-25　粉彩牡丹菊花纹碗（2个）　清光绪

高 8.5 cm，口径 17.3 cm，底径 7 cm

2-26 粉彩花鸟纹碗 清光绪

高 6.3 cm，口径 15.9 cm，底径 5.9 cm

2-27 粉彩八宝纹盘 清光绪

高 5.8 cm，口径 38.1 cm，底径 25.8 cm

2-28　粉彩百花纹大盘　清光绪

高 7 cm，口径 37 cm，底径 22 cm

2-29　蓝地粉彩梅花纹瓶　清光绪

高 37.8 cm，口径 10 cm，腹径 24.6 cm，底径 14.6 cm

2-30　粉彩福寿云蝠纹赏瓶　清光绪

高 39 cm，口径 9.7 cm，底径 13 cm

2-31　粉彩"大雅斋"寿桃瓶　清光绪

高 75 cm，口径 24 cm，底径 24 cm

2-32　蓝地粉彩云龙纹盖罐　清

高 20.9 cm，口径 19.2 cm，底径 12.8 cm，盖直径 18.8 cm

2-33　粉彩如意番莲纹盘　清

高 2.5 cm，口径 14.7 cm，底径 9.1 cm

2-34　粉彩花蝶纹六方花盆（2个）　清

高 17.6 cm；口径：长 26.3 cm，宽 22.8 cm；底径：长 21.8 cm，宽 18.9 cm

2-35　金地粉彩牡丹纹胆瓶　清

高 15.4 cm，口径 2.2 cm，底径 4.2 cm，腹径 8.4 cm

2-36　粉彩缠枝番菊开光花鸟纹瓶　清

高 21.3 cm，口径 5.6 cm，底径 6.4 cm

2-37　粉彩花果蝴蝶纹碗　清

高 7.5 cm，口径 17 cm，底径 7 cm

2-38 粉彩莲花童子壁挂（2个）　清

长 26 cm，宽 8.1 cm，高 13.4 cm

2-39　粉彩人物纹罐　清

高 28.6 cm，口径 10.2 cm，底径 14.3 cm

2-40 粉彩柳马图盘 民国

高 3.5 cm，口径 14.2 cm，底径 8.5 cm

2-41　粉彩月兔竹石纹瓶　民国

高 20.3 cm，口径 3 cm，底径 5 cm

2-42 粉彩山水纹琮式瓶 民国

长 7.7 cm，宽 7.5 cm，高 28.3 cm，底径 8.9 cm

2-43 粉彩三星塑像（3 个） 民国

高 4 cm，口径 11 cm，底径 13 cm

2-44 "慎德堂"款粉彩山水纹瓶　民国

高 28 cm，口径 10.5 cm，底径 10.5 cm

2-45 粉彩开光婴戏图罐 民国

高 15.5 cm，口径 16 cm，底径 11.5 cm

青花加彩

青花加彩，即将青花与釉上彩相结合的装饰方式。青花可与釉上一种到多种色彩相结合装饰瓷器，构成完整的图案。这类彩瓷极为丰富，如青花金彩、青花红彩、青花红绿彩、青花五彩、斗彩等。其艺术效果独特，釉下青花与釉上各彩争奇斗艳，极富情趣。

青
花
红
彩
、
青
花
红
绿
彩

　　明代以前，青花一直作为彩瓷中的重要品种单独装饰，永乐时期首次出现了青花与金彩共同装饰的情况，如故宫博物院收藏的青花金彩缠枝花纹碗，为进一步美化瓷器开创了新的工艺方向。宣德时期创烧了青花红彩器，这种品种与青花釉里红虽然都是蓝色和红色搭配，但烧成相对容易，在数量和质量上更能达到要求。之后明代的成化、嘉靖、隆庆、万历都有烧造。清代仿明代制作和自己本朝创新的青花红彩器更为丰富多彩。如馆藏乾隆时期的青花矾红海水龙纹天球瓶（图 3-3），这种青花红彩的天球瓶在雍正时期已有制作，乾隆时继续烧造。通体以青花绘海水纹，以红彩在瓶颈和瓶身绘九条盘旋的龙纹，如游龙戏海一般，绘工精致，大气蓬勃。馆藏道光时期的青花红彩朵花纹碗（图 3-4），在碗外壁以红彩绘四朵鲜艳的折枝花，周围以青花配饰花叶，雅致俊秀，再配上轻薄的胎体和莹润的釉质，宛如小家碧玉。青花红彩莲托八宝纹碗是乾隆时期创制的品种，延续到嘉庆、道光、光绪时期都有烧造。贵博馆藏光绪青花红彩莲托八宝纹碗（图 3-7）即是其中一例，以青花绘莲纹，在每朵莲上以红彩绘八宝纹饰，色彩艳丽，古朴典雅。

　　青花红绿彩是一种以釉下青花与釉上红、绿两种彩相结合的装饰品种。其制作方法是先在釉下描绘青花纹样，施釉后高温烧成青花器，再于釉上根据需求填绘红、绿彩，入窑低温烘烧而成。明代传世品比较少，仅见故宫博物院收藏的明正德青花红绿彩云龙纹碗，晚明时期民窑中亦有少量此品种。清代继续烧造，如馆藏青花红绿彩玲珑汤碗（图 3-1），即是其中代表。此碗在口沿、近底处和碗心内以青花描绘蝙蝠、花卉等纹样，在碗外壁中段部分以红彩、绿彩进行点缀装饰。更为特别的是，此碗应用了"玲珑"的工艺，即在胎体上透雕形成镂空花纹，再以透明釉覆盖其上，达到填补孔洞的目的。此件青花红绿彩玲珑碗透光视看，晶莹剔透，美轮美奂。

3-1　青花红绿彩玲珑汤碗（2个）　清康熙

高 5.5 cm，口径 10.4 cm，底径 4.5 cm

3-2 青花红彩龙纹蘸碟 清雍正

高 1.8 cm，口径 7.5 cm，底径 5 cm

3-3 青花矾红海水龙纹天球瓶 清乾隆

高 51 cm，口径 11.7 cm，底径 19.8 cm

3-4　青花红彩朵花纹碗　清道光

高 5 cm，口径 8 cm，底径 3.3 cm

3-5　青花红彩云龙纹爹斗　清同治

上：高 8 cm，口径 8.2 cm，腹径 8.6 cm，底径 5.7 cm ；

下：高 8.3 cm，口径 8.3 cm，腹径 8.6 cm，底径 5.3 cm

3-6 青花红彩蝠纹盘 清光绪

高 3.3 cm，口径 15.4 cm，底径 9.4 cm

3-7　青花红彩莲托八宝纹碗　清光绪

高 6.2 cm，口径 10.6 cm，底径 4.7 cm

3-8 青花矾红缠枝番莲双连鼻烟瓶 清

高 6 cm，口径 1.2 cm，底径 1.4 cm

　　青花五彩是明宣德时期创烧的品种，是一种以釉下青花和釉上红、绿、黄、赭等多种色彩结合的制作工艺。1985 年在西藏萨迦寺发现的青花五彩莲池鸳鸯纹碗、1988 年于景德镇御器厂遗址出土的青花五彩鸳鸯荷花纹盘均是明宣德时期青花五彩的实例，极其珍贵。成化时期，著名的斗彩在青花加彩中形成主导地位，青花五彩瓷并无更多发展。直到嘉靖、万历时期才得到很好的发展，色彩浓艳华丽，富有时代感。清代各种新的彩瓷品种不断出现，青花五彩虽不再是重要的彩瓷种类，但从顺治至晚清都仍有烧造。尤其是一些康熙、雍正时创新的品种，各个朝代都有延续，一直到晚清时期。如青花五彩龙凤纹碗（图 3-11）即是康熙时期出现，之后各朝均有烧造的品种，贵博馆藏文物中就有道光时期的这种制品。其通体纹饰繁复浓重，布局紧密，色彩浓艳。在碗外壁绘有红龙、绿龙等龙穿花纹样，间隙处绘五彩凤纹及火珠和朵云纹，碗内以红彩绘火珠行龙一条，衬以绿彩云纹，显得明快艳丽，颇有几分万历青花五彩的艺术风格。另一件馆藏光绪青花五彩忍冬纹盘（图 3-13），亦是雍正时期新创并一直延续烧造的品种。在纹饰上以青花五彩表现忍冬纹样，并进行艺术处理，形成富有装饰意味的图案效果，色彩鲜艳，新颖秀丽，别有韵味。

3-9　青花五彩儿童戏灯纹尊　清康熙

高 16 cm，口径 7.5 cm，底径 8 cm

3-10　青花五彩鸳鸯卧莲纹碗　清乾隆

高 4.7 cm，口径 10.3 cm，底径 4.2 cm

3-11 青花五彩龙凤纹碗　清道光

上：高 6.4 cm，口径 14.8 cm，底径 5.8 cm；下：高 6.5 cm，口径 15 cm，底径 6 cm

3-12 青花五彩云龙纹品锅（2个） 清光绪

高 18 cm，口径 18.3 cm，底径 11.4 cm，盖直径 17.6 cm

3-13　青花五彩忍冬纹盘　清光绪

高 3.9 cm，口径 21.4 cm，底径 13.6 cm

3-14　青花五彩缠枝卷叶番菊纹碗　清光绪

高 7.8 cm，口径 19.4 cm，底径 8.1 cm

3-15 青花五彩五子罗汉塑像 清

长 23.3 cm，宽 16.8 cm，高 23.7 cm

3-16　青花五彩龙凤火珠纹碗　清

高 9.5 cm，口径 22.2 cm，底径 9.3 cm

3-17　青花五彩番莲开光人物罐　民国

高 32.4 cm，口径 21 cm，底径 24 cm

　　斗彩是釉下青花和釉上彩色相结合的一种彩瓷装饰工艺。其制作方法是用青花在胎体上勾勒出完整的纹饰轮廓，然后罩透明釉入窑高温烧造。再于釉上青花轮廓线内填画各种彩料完成彩色图案，复入彩炉低温二次烧成。它是在青花五彩瓷器的基础上发展和完善的，其外形秀丽清逸，无与伦比。

　　早在明宣德时期的青花五彩器已具备斗彩的雏形，但当时的釉下青花只是单独作为图案的一部分，仅在鸳鸯纹饰上采用了青花与五彩相结合的技法，不能称为严格意义上的斗彩。正统时期这种装饰技法得到了进一步发展，更加接近斗彩的制作。成化时期即发展成熟，成为独立的彩瓷品种，且至精至美，极为名贵。斗彩瓷最根本的技法是必须用青花绘制图案的完整轮廓线，然后在轮廓线内、线上以填彩、点彩、染彩和覆彩的方法施以各种彩绘加以装饰。换言之，也就是在上彩之前已是一件完整的淡描青花器。这与青花五彩中的青花只是作为局部纹饰，为五彩之一种颜色有所不同，也是二者区别的关键。如馆藏清嘉庆时期的青花荷塘鸳鸯纹碗（图 1-41），即是用青花绘制的淡描青花碗，在此基础上再施以各色彩绘就可形成斗彩瓷。成化以后，正德、嘉靖、万历斗彩瓷少有烧造，很大程度上以仿成化斗彩为主。

　　清代康熙、雍正、乾隆时期，斗彩瓷空前发展，在继承传统的同时又有了许多新的突破。康熙时期工艺有所改进，以洋红取代了矾红，还创造性地发明了斗彩加暗花、洒蓝地斗彩、黄地斗彩等，显得更加明快艳丽。雍正时期，斗彩工艺高度发展，其突出成就之一是用粉彩和青花相结合，并出现了胭脂红、草绿、洋黄等多种色调。另一突出成就是成功仿制了成化斗彩，有的几乎可以乱真。乾隆时期绘制工艺精细，在填彩的时候加以金彩、黑彩、珐琅彩等，使呈色效果与众不同，鲜明娇艳。馆藏斗彩描金缠枝番菊纹高足碗（图3-21），即是在斗彩瓷上加饰了金彩，为乾隆时期的精致之作。在仿成化斗彩的作品中，常见的一种斗彩团菊纹盖罐（图3-24），与成化时期的斗彩团花菊蝶纹罐既有相近之处，又不完全刻板模仿，具有乾隆特有的时代特征，馆藏乾隆斗彩瓷中即有一件。罐身与罐盖用红、黄、绿三种对比强烈的色彩绘制，腹部绘八组团菊纹样，间饰折枝花纹，肩部和近底处以青花绘朵花边饰。乾隆以后此种罐少有烧造，直到民国时期又见仿制。乾隆之后，随着整个社会经济的衰退，瓷器生产开始走向下坡，斗彩瓷亦是如此。贵博馆藏"尘定轩"斗彩山水人物盖杯（图3-25），是道光时期斗彩瓷中的佳作，实属宝贵。

3-18　斗彩石榴团花纹碗　清雍正

高 7.6 cm，口径 15.1 cm，底径 7.1 cm

3-19 斗彩荷莲纹碟 清雍正

高 2.3 cm，口径 10 cm，底径 6.1 cm

3-20　斗彩五蝠缠枝碗　清乾隆

左：高 6 cm，口径 13 cm，底径 4.9 cm；右：高 6.4 cm，口径 12.9 cm，底径 4.9 cm

3-21 斗彩描金缠枝番菊纹高足碗　清乾隆

高 13.2 cm，口径 19.1 cm，底径 10.5 cm

3-22 斗彩花蝶纹碟 清乾隆

高 3.2 cm，口径 7.3 cm，底径 4 cm

3-23 斗彩缠枝卷叶子午莲纹盘 清

高 3.7 cm，口径 24.3 cm，底径 14.9 cm

3-24　斗彩团菊纹盖罐　清乾隆

高 12.2 cm，口径 5.8 cm，底径 6.5 cm

3-25 "尘定轩"斗彩山水人物盖杯　清道光

高 6.8 cm，口径 6.7 cm

杂釉彩

在单一色地上绘制单一色釉彩的瓷器被称为"杂釉彩"。它是古陶瓷工匠在制瓷实践中，灵活应用装饰手法而形成的一类彩瓷。分别以各种不同的色彩为地（包括白地在内），再施一种彩为饰，各种色彩互相交错，形成"一地一彩"的艺术效果。

红
彩

　　矾红彩的使用最早见于宋、金时期的北方瓷窑上，元代景德镇红绿彩瓷器上亦以矾红施彩，而单独使用矾红彩在瓷器上作装饰则始于明洪武时期。至此，白地矾红彩作为传统品种一直烧造，并且成为宣德、弘治、正德、嘉靖至晚明时期的代表品种。值得一提的是弘治时期的两件精品，一件是藏于故宫博物院的红彩龙纹盘，一件是藏于台北故宫博物院的红彩九龙碗，极为少见，堪称孤品。清代的白地红彩从康熙至宣统都有烧造，数量较大，造型繁多，画工精湛，用料加工精细，与明代相较在制作技术上有了很大提高。有的品种自出现以后，各代都有烧造，为我们留下了不少珍贵的文物，如馆藏清道光红地留白缠枝莲纹碗（图 4-2）、清光绪白地矾红彩龙纹杯（图 4-4）。龙纹杯以红彩绘云龙、海水，纹饰清晰，线条灵活。缠枝莲纹碗绘画上采用了留白的技法，即在以红彩途地时留出空白的地方，再进行描绘，形成特殊的艺术效果。这种技法对于红彩瓷器有很大影响，传世品较多，均为宫廷使用。另外，还有一种以冬青釉为地的红彩瓷器（图 4-1），也是贵博馆藏瓷器中能体现继承传统的品种。这种碗从雍正时期出现以后，各朝都有制作。碗外以红彩绘五组团凤纹，碗内心绘一组团凤纹，笔法简练，红彩在青釉上呈现的装饰效果更加别具一格。

4-1 冬青地矾红彩团凤纹碗　清道光

高 6.8 cm，口径 14.3 cm，底径 6 cm

4-2　红地留白缠枝莲纹碗　清道光

高 6.9 cm，口径 13 cm，底径 5.9 cm

4-3　白地矾红彩缠枝番菊福寿纹盘（2个）　清道光

高 3.6 cm，口径 25.1 cm，底径 13.4 cm

4-4　白地矾红彩龙纹杯　清光绪

高 5 cm，口径 6 cm，底径 2.6 cm

4-5　白地矾红加金彩松梅佛手纹脱胎瓶　民国

高 21.5 cm，口径 8 cm，底径 8 cm

4-6　白地矾红彩勾莲福寿纹盖盒　民国

高 18.5 cm，口径 27.9 cm，底径 25.2 cm，盖直径 25.1 cm

　　用绿彩作装饰的瓷器艺术效果非常特别。白地绿彩、黄地绿彩瓷器都创烧于明代永乐时期。前者是以铜为呈色剂，在白地上直接描绘纹样或是在已成型的坯体上施以白釉，剔掉纹饰处的白釉，进行细部刻划，入窑高温烧造后，再在纹饰处涂填绿彩，复入低温彩炉烘烤而成。馆藏道光时期的白地绿彩双龙纹碗（图 4-8），在碗外壁以绿彩描绘双龙纹样，空白处饰以绿彩云朵纹。在龙头、龙身、龙爪及云朵中再以黑彩勾勒轮廓和细节，使图案更加立体丰富。口沿一圈以金彩加饰，素雅中更添几分华丽。后者是以低温铁黄釉为地，以绿彩作纹饰装饰。传世品中最早见于明弘治时期，其后正德、嘉靖、万历均有烧造。清代将之作为传统品种继续烧造，产量较大，以盘碗居多。贵博馆藏乾隆时期的黄地绿彩龙凤纹碗（图 4-7），胎质细腻洁白，釉质光润，在纹饰处先进行细致地刻划，再于其上涂填绿彩。碗外壁上的双龙、双凤呈对称布局装饰，近底处以绿彩表现一圈莲瓣纹，碗心内饰绿彩寿字纹，底书"大清乾隆年制"六字篆书青花款。整个画面以黄地衬托，与清新爽目的绿彩搭配，显得雍容高雅。

4-7 黄地绿彩龙凤纹碗 清乾隆

高 6.2 cm，口径 11.8 cm，底径 4.4 cm

4-8　白地绿彩双龙纹碗　清道光

高 6.9 cm，口径 18.8 cm，底径 7.6 cm

金色象征权利、地位和财富。陶瓷器上用金彩作装饰，早在唐宋时期即已出现，元明清时期更是成为瓷器装饰的突出技法。凡以金彩美化的器物更显得富丽堂皇、雍容华贵。明清时期施金彩的工序是先将金子磨成粉，放入胶水或大蒜汁，掺入适量的铅粉，绘在瓷器上，待干燥后，入窑再次低温烘烧，最后用玛瑙棒摩擦，使其发色光亮。

清代金彩应用比较广泛，出现了各种高温色釉上加金、红彩加金、五彩加金等现象。康熙时期的创新品种有郎窑红描金、洒蓝地描金、乌金釉描金等，釉面坚硬光润，色彩亮丽。雍正时期，高温色釉上的金彩器极为罕见，故宫博物院仅见一件黑釉地金彩龙纹高足杯。此杯为雍正四年奉旨烧造，通体用金彩单线描绘，古朴典雅。乾隆时期金彩器品种丰富，在茶叶末釉、霁蓝釉、天蓝釉、窑变釉、酱釉等上均可描金装饰，金彩柔和鲜亮。值得关注的是光绪时期霁蓝釉描金的各式器物，为晚清官窑的特殊制品，如馆藏霁蓝地描金皮球花盖罐（图 4-11）、霁蓝地描金皮球花赏瓶（图 4-12），当属此类。以金彩作皮球花纹装饰，疏密有致，在蓝釉地上更显金黄红亮，光艳夺目。清代后期，液态金从欧洲传入中国，取代了传统的金粉描绘法，使用步骤更加简单，易于操作，并且大大降低了耗金量。

4-9 蓝釉描金菱花口高足盘 清乾隆

高 11.7 cm，口径 26.7 cm，底径 12 cm

4-10　红地金彩团花纹耳杯　清咸丰

长 14 cm，宽 12.8 cm，高 5.2 cm

4-11 霁蓝地描金皮球花盖罐　清光绪

高 14.4 cm，口径 4.3 cm，腹径 7.2 cm，底径 7.2 cm；盖直径 5.7 cm，高 3.5 cm

4-12 霁蓝地描金皮球花赏瓶　清光绪

高 37 cm，口径 9.7 cm，底径 13 cm

4-13　蓝釉地描金百寿纹瓶（2个）　清

高 30.8 cm，口径 9.7 cm，底径 12.4 cm

4-14 白地金彩双龙戏珠纹杯 民国仿成化

高 2.9 cm，口径 6.4 cm，底径 2.2 cm

素三彩

素三彩是我国制瓷工艺中高温素烧胎与低温釉彩相结合的一种制瓷技法。一般以黄、绿、紫三色为主，三种釉均可用以作地，再施另外两种色釉，形成黄地三彩、绿地三彩、紫地三彩。有的还加施黑釉、白釉、孔雀蓝釉等。我国传统习惯将非红色称为素色，因其纹饰中不施红彩，显得素净优雅，故称为"素三彩"。

素三彩的制作需要经过高温和低温两次烧造。首先在胎体上设计、刻划好纹饰，入窑经1300℃左右的高温烧成素胎器或白瓷胎，然后根据需求，再施以各色彩釉。或者在器物上将一种彩釉浇满全身，后剔去一部分，在剔去的地方再填绘其他色彩，然后再次入窑经850℃—900℃低温烘烧而成。

最早的素三彩创烧于明成化时期，在景德镇明代御器厂遗址出土的成化素三彩鸭形香薰，是此品种的典型器物。通体施黄、绿、紫、白等低温色釉，古朴雅致。鸭腹部中空，与鸭嘴相通，熏烟可从鸭嘴中冒出，既科学又艺术。正德时期的素三彩器，有高足碗、花盆、洗、绣墩等。突出特点是器内皆白釉无纹饰，可见是在制作时先将器内施上白釉，烧成一件内白釉、外涩胎刻花的器物，再施彩低温烧制而成。嘉靖、万历时期的素三彩烧制数量有所增加，种类亦更加丰富。天启、崇祯时期的传世品极少，故宫博物院收藏的明崇祯黄地素三彩龙凤纹大碗，带有明确的"皇明崇祯十一腊月……"纪年铭文，非常珍贵。

清代素三彩器在明代的基础上有了进一步发展，尤其在康熙时期成为名品之一，并且新创了黑地、米黄地、藕荷色地等素三彩。此外，白地素三彩、"虎皮三彩"等均是康熙时期具有特色的精品素三彩器。康熙以后，素三彩器数量减少，品种花色亦不多。馆藏光绪时期的素三彩堆贴云龙纹印泥盒（图5-3）是极为珍稀之物。此器以黄、绿、紫、蓝为主色调施彩，盖上以堆贴浮雕的技法装饰正面龙纹，龙眼突出且可转动，活灵活现，生动有趣。盒近底处以紫、绿彩雕刻装饰海潮纹，与盖上龙纹相呼应，仿佛龙游于海中，构成浑然一体的画面。此外，光绪时期还有一些仿康熙的制作和延续康熙蓝本的器物，如馆藏黄地紫绿彩龙纹盘（图5-2），即是从康熙开始历朝都有烧造并延续至宣统的素三彩品种。

5-1　黄地紫绿彩龙纹斗杯　清道光

高 6.9 cm，口边长 12.2 cm，底边长 8 cm

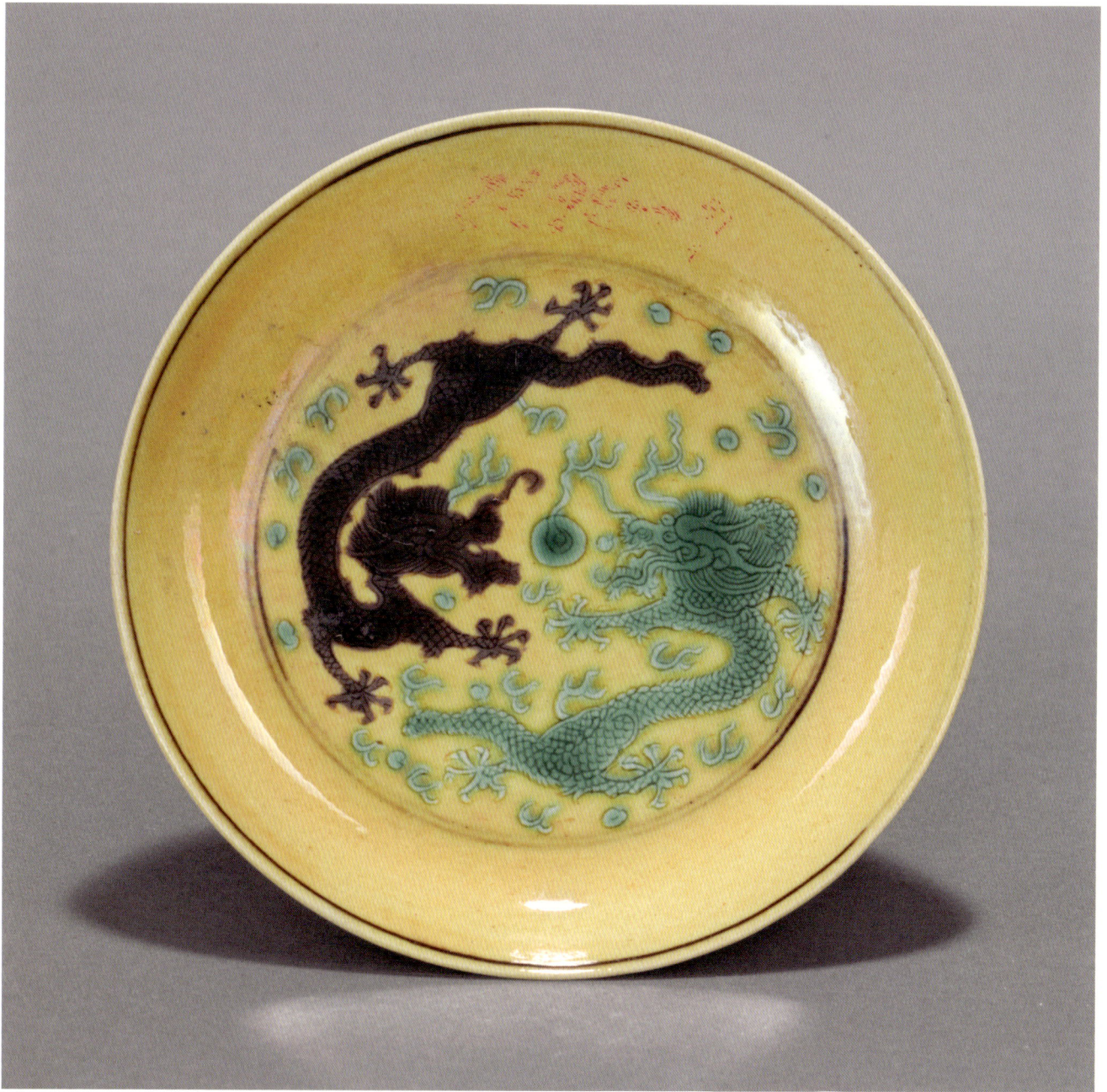

5-2　黄地紫绿彩龙纹盘　清光绪

高 2.5 cm，口径 13 cm，底径 8 cm

5-3　素三彩堆贴云龙纹印泥盒　清光绪

高 5.1 cm，口径 6.1 cm，底径 4.2 cm，盖直径 6.9 cm

5-4　黄地堆贴紫绿彩饕餮纹瓶　清

高 52 cm，口径 17.9 cm，底径 17.3 cm

5-5 素三彩蟠螭瓜形水盂 清

高 3.2 cm，口径 2.7 cm，底径 4.5 cm

附录

○　○　○　○　○　○

陶瓷器上的带状纹装饰可以追溯到仰韶文化时期的彩陶，经过漫长的历史演变，到了清代，受其历史、政治、文化背景的影响，发展出独有的时代特征。

浅谈乾隆青花

/ 黄 琳 /

　　瓷器的历史源远流长，最早可以追溯到商周时期，历经数千年的演变发展，瓷器的胎质、釉层和器形都呈现出精巧绝妙的变化。其中，青花瓷于元代大放异彩，色调单纯明净，蓝白两色对映，朴素明快，爽朗大方，具有典雅清新之美。历经前朝制瓷业的发展铺垫，清代成为瓷器发展最为辉煌的一个时期，特别是康熙、雍正、乾隆三代，这一百多年的盛世是青花瓷发展最为重要的历史阶段，后世将这一时期的瓷器简称为"清三代"瓷器。在此，我们主要介绍一下乾隆时期青花瓷的发展状况。

　　清代虽由满族执政，然而贵胄们对瓷器的喜爱却不亚于前朝，甚至可以说，清朝帝王们对烧制瓷器所投入的心血，远胜前朝诸君王，清朝的帝王们也亲自参与设计、创作了很多精湛的艺术品。顺治时期，清廷将景德镇的御器厂改为御窑厂，这标志着清王朝正式开始烧制官窑。

　　康熙时期，官窑瓷器的生产状况与顺治时期基本相似。这一时期，对瓷器工人实行了按劳分配、多劳多得的策略，类似于现在的"计件工资"，这一举措在很大程度上充分调动了技工们的劳动积极性，极大推动了当时制瓷业的发展。

　　进入雍正年间，官窑的制作出现了所谓的"内廷官造式样"，即雍正皇帝亲自定下总体风格：精致典雅、清秀灵巧、高贵端庄，尽显皇家风范。于是景德镇的窑工技师们纷纷按照这样的要求进行瓷器造型、式样、色调方面的改变和创造，使这一时期的瓷器渐渐由康熙朝的俊逸蜕变为精致秀巧的皇家风范。

若说康熙是一位学习型的皇帝，雍正是一位改革型的皇帝，那么乾隆可谓是一位文化型的皇帝。他天资聪慧，于文学创作和书画艺术方面都是佼佼者，最高位者极高的艺术修养和审美情趣在主观上促进了当时艺术的发展。再加上前朝的积淀，乾隆时期的中国疆域辽阔，社会安稳，人民有更多的精力和条件来进行艺术创造，这也在客观上为这一时期瓷器业的发展奠定了良好的社会基础，无论数量还是质量，此时的制瓷业都达到了顶峰。同他的父亲雍正皇帝一样，乾隆皇帝会在官窑瓷器的制作上提出很多意见，从纹样的选择，到图案布局、大小、颜色、章法等，里里外外他都会提出设计要求。此时的乾隆，不似一位帝王国君，更像一位成熟严谨的瓷器设计师。乾隆不仅在瓷器的设计上花了很多心思，他的诗也是与瓷器创作密不可分的艺术设想之一。有的瓷器中，诗为不可或缺的装饰，有的作品则直接将诗作为主题，图案反倒成了点缀。这样的瓷器因帝王之诗，在艺术之外增添了帝王之风，在中国的瓷器史上也写下了与众不同的一笔。

乾隆时期的瓷器生产依然以青花为主，在传承了雍正的仿古之风外，又带有本朝细腻新巧的特点。此时青花瓷的造型虽不如康熙时的恢宏厚丽，也没有雍正时的细腻秀美，但青花瓷无论大小器物，制作都精致华美，配以层出不穷的新颖器形，令人叹为观止。除了常见的碗、盘等器皿外，主要器形还有花觚、梅瓶、天球瓶、灯笼尊、执壶、扁壶、高足杯、笔筒、水盂等。

这一时期的青花瓷器形规整，薄厚适中，胎质细密，胎骨洁白细腻，这都是由胎土的精纯程度决定的。白釉底色略含青，为乾隆时期的典型色，纯正厚实，沉郁幽靓，釉面细润，肥腴而坚致，玉质感强。部分釉面有极细小的开片，青白色中的青色比起康、雍之时要显得略轻。纹饰题材多以人物、山水、杂宝、吉语、花卉为主，内容丰富，风格则以繁缛华丽为主，运用多种技巧，使画面层次清晰，但也由于过于追求规整，图案显得繁密、单调，缺乏活力，艺术性受到一定的影响。雍正、乾隆时期瓷器的表面大都有橘皮纹，底部圈足皆呈糯米粉感的泥鳅背状。

贵州省博物馆的藏品中有一件青花渔樵耕读图鼻烟壶，这件青花瓷鼻烟壶虽不算非常细致精美，却也可以借其一览乾隆时期青花瓷作品的特点。它高 6.6 厘米，宽 4.5 厘米，直口，方唇，小圆颈，长方形扁腹，椭圆形圈足，唇下有两周弦纹，两肩各绘有一朵野菊花，大腹两面各绘有"渔樵耕读"图，图为圆形。画面外为横线半圆连续纹，均为蓝色，唯树梢加黑色。底上有"乾隆年制"的款识，器内外皆饰白釉。

"渔樵耕读"即渔夫、樵夫、农夫与书生，既是中国农耕社会民间的生活方式，也是官宦用来表示隐居生活的象征，我国古代器物常常以此为主题。"渔"是东汉的严子陵，他是汉光武帝刘秀的同学，刘秀很赏识他，多次请他做官都被他拒绝。严子陵一生不仕，隐于浙江桐庐，垂钓终老。"樵"则是汉武帝时的大臣朱买臣。朱买臣出身贫寒，靠卖柴为生，但酷爱读书。妻子不堪其穷而改嫁他人，他仍自强不息，后由同乡推荐，当了汉武帝的中大夫、文学侍臣。"耕"指的是舜教民众耕种的场景。"读"则刻画苏秦埋头苦读的情景。战国时纵横家苏秦到秦国游说失败，为博取功名发愤读书，每当深夜要打瞌睡时，他就用铁锥子刺一下大腿来提神。

"渔樵耕读"是农耕社会的四业，代表了民间的基本生活方式。古人之所以喜欢"渔樵耕读"，与其说是对这种恣意的田园生活和淡泊的人生境界的憧憬，不如说是内心深处对入朝为官、得到统治者赏识的一种心理寄托。这件以此为主题绘制的鼻烟壶，主体之外绘有繁复的纹饰，画面细腻，且饱含寓意，在很大程度上展现了乾隆时期青花瓷器的绘制特点。

乾隆初期的青花瓷采用的是浙江上等青料，加工精细，因而呈色纯真幽静，淡雅匀称，有晕散现象。此后呈色愈加稳定，为明净的纯蓝色，清晰明快，晕散的现象也逐渐减少，在浓淡色调之中，依稀可见黑色斑点。然而乾隆后期的青花开始呈现深蓝或青灰，显得凝重沉闷，再无明快之感，仿佛预见了这个王朝终于由昌盛开始步入衰落。

自乾隆晚期之后，青花瓷的发展逐渐走入没落，此后的时光，政局动荡，整个社会的发展都受到了很大的制约。然而有清一代，由帝王开始，由上而下，朝里朝外，官窑民窑，都为中华瓷器业的发展做出了卓越的贡献。乾隆时期的青花瓷器，既显示了当时制瓷工艺的高超水平，也为中华民族留下了许多瑰宝，这一时期的青花瓷是中华灿烂文明的象征，也是人类共同的珍宝！

青花渔樵耕读图鼻烟壶
清乾隆

浅谈带状纹在清代粉彩瓷器上的装饰作用和文化内涵

——以贵州省博物馆藏粉彩云蝠纹赏瓶为例

/ 张小英 /

　　粉彩，又名软彩，初创于康熙晚期，盛烧于雍正、乾隆时期，是在珐琅彩和康熙五彩的基础上创立的新品种。它的独特之处是在彩绘时加入一种白色的彩料"玻璃白"。"玻璃白"具有乳蚀效果，画出的图案可发挥渲染技法的特性，呈现一种粉润的感觉，因此粉彩有着精致、粉润柔和的颜色。粉彩在吸收传统工艺营养的基础上，又有着自身特色，一跃成为时代的宠儿。

　　本文以贵州省博物馆藏粉彩云蝠纹赏瓶为例，浅谈带状纹在粉彩瓷器上的装饰作用和文化内涵。粉彩云蝠纹赏瓶是清代光绪年间的官窑藏品，足底附有六字双行楷书矾红款"大清光绪年制"。器形是束腰形细长颈，球形圆鼓腹。瓷器上的带状纹饰有：口下为连续花瓣形图案花边，颈和腹部有流云纹和飞蝠纹，肩上为折枝莲花加描金"寿"字，近足处是图案花边。瓷器赏瓶上的带状纹主要有几何图案纹（云蝠纹、植物纹）、莲花和花瓣纹以及"寿"字纹。云蝠纹赏瓶上的带状纹饰元素种类和色彩表现形式，体现了带状纹在彩瓷上呈现的粉润柔和的装饰艺术效果和传统文化内涵。

　　带状纹，顾名思义就是呈现宽带状的纹样。狭义的带状纹也可专指素面上单一的宽线纹或宽带纹。本文的带状纹是指广义的具有"环""长"和"宽"属性的传统带状纹，通常由一个或者一个以上的纹样拆分或组合而成，在瓷器表面占据一定面积的辅助性或者主题性的带状纹饰。其装饰在器物的口沿、颈、肩、腹、胫等部位，有作辅助性边饰的，也有作主题纹饰的。带状纹纹样种类丰富，比较常见的有几何图案纹、植物纹和文字纹。传统带状纹饰随着时代发展变迁，与清时期独创的粉彩瓷结合，形成了独具特色的艺术效果和文化内涵。

陶瓷器上的带状纹装饰可以追溯到仰韶文化时期的彩陶，经过漫长的历史演变，到了清代，受其历史、政治、文化背景的影响，发展出独有的时代特征。清代粉彩瓷带状纹变化多端，既继承传统又有创新，色彩明丽，不拘一格，传统带状纹与清代独创粉彩瓷结合，渲染出一种独特的美学特色和艺术效果。下文主要通过对云蝠纹赏瓶上带状纹饰的元素组合、色彩运用和表现手法来浅谈带状纹在粉彩瓷上的装饰作用和文化内涵。

带状纹在云蝠纹赏瓶上作主题纹饰。赏瓶颈部和腹部均匀饰满大量的流云纹和飞蝠纹，围绕器物一周。肩部有横向的折枝莲花和描金"寿"字相间分布。赏瓶上的主题纹不是单个出现，而是由一个或者一个以上的纹样组合而成，具有一定的延展性，占据了整个瓷器表面的大部分，呈现出一定的宽度和长度，也呈现出圆的对称美、弧度美与饱满美。大量的流云纹和飞蝠纹的组合饰在瓷器上，云纹以蓝、红、黄色为主，线条流畅，层次分明。与红色调蝙蝠纹搭配，仿佛蝙蝠飞于空中，增加其动感，烘托出缥缈的气氛。色彩趋于暖色系，更加凸显粉彩温润柔美的气质。

粉彩福寿云蝠纹赏瓶　清光绪

带状纹在云蝠纹赏瓶上作辅助性边饰。赏瓶上的带状纹起到的边饰作用表现在：口下的连续花瓣纹，口沿、肩、近足处的条带状纹图案花边呈横向二方连续形状环绕器物一周，达到分隔的效果。当一个陶瓷器物表面既有主题纹饰又有辅助纹饰时，辅助带状纹饰显然是为主题带状纹饰服务的。主要表现在两方面：一是突出主题纹饰，让主题纹饰显而易见，方便观赏；二是与主题纹饰

粉彩福寿云蝠纹赏瓶上的带状纹

相呼应，使得整个陶瓷器物装饰风格统一。

清代带状纹的元素组合和装饰艺术效果往往反映了一定的时代文化内涵。这种文化内涵主要通过民俗寓意和宗教信仰表现出来。清代彩瓷纹饰基本继承传统，吉祥寓意纹饰表现显著。吉祥纹样于清朝得到较大的发展，成为装饰纹样领域的主流，寓意吉祥成为清代粉彩瓷带状纹，乃至整个清朝纹饰最显著的特征，吉祥喜庆图案纹饰被广泛应用。贵博馆藏的粉彩福寿云蝠纹赏瓶的颈部和腹部饰有大量的云蝠纹、流云纹，肩部有折枝莲花和描金"寿"字相间装饰，多种纹饰组合运用，体现了民俗寓意和宗教信仰两方面的文化内涵。

蝠与"福"谐音，仙鹤纹、云纹则直接表达了"寿"与"仙"的吉祥寓意。蝙蝠也通过谐音以及文化积淀等因素，与"福"的象征意义紧紧联系在一起，一直被视为福泽祥瑞的动物，堪称我国祈福第一吉祥物。在我国，"福"在人们心中是吉祥之首，蝙蝠也因此成了我国传统的民俗吉祥图案之一。如蝙蝠习惯于倒挂栖息，则有"福到"之意，蝙蝠进家门则有"福临门"的征兆。莲花图案和"寿"字则表达"福寿连连"的含义。流云纹因其缥缈的仙境寓意"仙寿"，常与蝙蝠纹组合运用，仿佛蝙蝠飞于空中，增加了画面的动感，加之色彩上运用黄、红、蓝，既烘托仙气袅袅的氛围，又含有"流云百福""仙寿安康"的道教寓意。

带状纹这一传统的纹饰随着时代的变迁和发展，在继承传统的基础上，又有着明显的时代特征。清代独创的粉彩瓷器，因其丰富的色彩、雅致柔和的色调、层次分明的立体画面感而著称。二者的结合使清代带状纹饰的装饰形式更加丰富新颖，美好积极的装饰风格始终是清代粉彩瓷带状纹追求的目标。多种带状纹饰的组合运用，彰显了清代粉彩"文必有意，意必吉祥"的文化内涵，折射出民俗文化对粉彩瓷装饰的影响，反映了人们对美好生活的憧憬与向往，体现了纹饰装饰以人为本、服务为人的思想。

文物索引

（单位：cm）

综　述

青 花

青花什锦团花深腹碗	明宣德	高 10，口径 15.2，底径 7.9	5、18
青花福字碗	明正统	高 6.2，口径 14.8，底径 6.3	19
青花福字碗	明正统	高 7，口径 15，底径 6	19
青花香草龙纹盘	明天顺	高 4，口径 26.3，底径 15.7	5、20
青花牡丹三狮纹碗	明嘉靖	高 5.6，口径 11.1，底径 4.8	6、21
青花"黔府"款缠枝番莲纹盖罐	明万历	高 53.5，口径 22.7，腹径 40，底径 24	6、22-23
青花人物纹杯	明万历	高 4.4，口径 7.9，底径 4	24
青花叶片纹小瓶（2个）	明万历至天启	高 11.9，口径 4.4，底径 3.7	25
青花丹凤朝阳碗	明天启	高 4.8，口径 13.9，底径 7	26
青花人物纹杯	明天启	高 3.6，口径 5.6，底径 2.3	27
青花松竹梅纹碗	明	高 4.7，口径 9.2，底径 3.9	28
青花人物诗纹碗	明	高 8.2，口径 16.6，底径 7.3	29
青花盖罐	明	高 15.1，口径 5.1，底径 6.3	30
青花盖罐	明	高 15.1，口径 5，底径 6.3	31
青花缠枝花纹盖罐	明	高 15.5，口径 6，腹径 11.2，底径 36.5	31
青花撇口蘸碟（8个）	明	高 2.5，口径 8.55，底径 3.3	32-33
青花兰草纹敞口碗（8个）	明	高 3.6-3.9，口径 12-12.4，底径 5.7-6	34
青花菊花纹碗	明	高 5，口径 12.2，底径 6.4	35
青花牡丹双鸟纹杯	明	高 4.9，口径 8.75，底径 3.7	36
青花牡丹草虫纹碗	明	高 4.7，口径 9.05，底径 3.85	36
青花折枝花纹碗	明	高 5.7，口径 11.6，底径 4.8	37
青花敞口碗（10个）	明	高 4.9，口径 13.7，底径 5.1	38
青花缠枝花卉纹碗	明末清初	高 6.5，口径 14.4，底径 5.6	39
青花麒麟芭蕉纹罐	清顺治	高 24，口径 8.5，足底 13	40
青花云龙纹钵式炉	清康熙	高 8.5，口径 13.8，底径 7.5	41
青花人物故事纹盖罐	清康熙	高 36.5，口径 13.3，底径 15	42
青花葡萄纹坦口碗	清康熙	高 5.5，口径 17.6，底径 6.2	43

青花山水纹敞口瓶	清康熙	高 24.4，口径 10.9，腹径 12.3，底径 8.8	44
青花山水人物纹笔筒	清康熙	高 15.2，口径 12，足底 12	45
青花九凤花卉纹瓶	清康熙	高 44.8，口径 11.5，底径 12.8	46
青花开光课子图罐	清康熙	高 19.5，口径 10.5，底径 12.7	47
青花狮子牡丹纹盖罐	清康熙	高 52，口径 20，腹径 33，底径 25.7	8、48
青花云龙纹盘	清康熙	高 4.7，口径 27.1，底径 16	49
青花鸳鸯莲花纹盘	清雍正	高 5.5，口径 23.3，底径 14.2	50
青花松鼠葡萄纹盘	清雍正	高 5.8，口径 28.5，底径 17.6	51
青花缠枝番莲纹尊	清乾隆	高 17.1，口径 5.5，底径 6.5	52
青花荷莲纹碟	清乾隆	高 1.8，口径 7.8，底径 6.2	53
青花缠枝莲纹唾壶	清乾隆	高 5，口径 4.5，底径 8.4	54
青花人物纹六方形瓶	清乾隆	口径 14.8，高 44	55
青花渔樵耕读图鼻烟壶	清乾隆	高 6.6，宽 4.5	184
青花熏炉	清嘉庆	高 22，口径 15，底径 10.5	56
青花荷塘鸳鸯纹碗	清嘉庆	高 7.3，口径 16.3，底径 9.8	57
青花缠枝花卉四足炉	清嘉庆	长 46.2，宽 11.7，高 10.9	58
青花菊石鹌鹑纹胆瓶	清道光	高 44，口径 9，底径 13.5	59
青花四系锦葵纹盖罐	清同治	高 17.5，口径 14，底径 10	60
青花花卉纹方花盆	清光绪	长 12.1，宽 8，高 5.7	61
青花缠枝莲纹赏瓶	清光绪	高 38.2，口径 9.7，底径 13	62
青花云龙纹盘	清光绪	高 4.8，口径 34.2，底径 20.2	63
青花龙蝠团凤纹罐	清光绪	高 20，口径 16，底径 7.5	64
青花开光山水花卉八棱花盆	清	高 25.6；口径：长 40.6，宽 40.5；底径：长 29.5，宽 29.2	65
青花人物纹瓶	清	高 42.6，口径 18.5，底径 16.8	66

粉彩人物纹笔筒	清嘉庆	高 14.8，口径 18.4，底径 17.9	92
粉彩山水纹大碗	清嘉庆	高 7，口径 16.6，底径 6.5	93
米黄地粉彩花卉草虫纹盘（4 个）	清道光	高 3.9，口径 24.3，底径 14.9	94
粉彩蝴蝶牡丹纹碟（2 个）	清道光	高 2.6，口径 12.9，底径 7.5	95
米色地粉彩缠枝番莲纹盘	清道光	高 3.7，口径 23.5，底径 15	96
粉彩花鸟八宝纹脸盆	清同治	高 13.2，口径 36.5，底径 20	97
粉彩博古桌器（110 个）	清同治	大：长 28，宽 21.5，高 7； 中：长 16，宽 15，高 6.5； 小：长 5，宽 2.5，高 3	100
粉彩开光仕女象耳尊	清同治	高 35.1，口径 11.7，腹径 22.4，底径 16.5	101
粉彩温酒器	清同治	高 6.7，口径 5.5，底径 7.9	102
粉彩牡丹菊花纹碗（2 个）	清光绪	高 8.5，口径 17.3，底径 7	103
粉彩花鸟纹碗	清光绪	高 6.3，口径 15.9，底径 5.9	104
粉彩八宝纹盘	清光绪	高 5.8，口径 38.1，底径 25.8	105
粉彩百花纹大盘	清光绪	高 7，口径 37，底径 22	106
蓝地粉彩梅花纹瓶	清光绪	高 37.8，口径 10，腹径 24.6，底径 14.6	107
粉彩福寿云蝠纹赏瓶	清光绪	高 39，口径 9.7，底径 13	108、186
粉彩"大雅斋"寿桃瓶	清光绪	高 75，口径 24，底径 24	10、109
蓝地粉彩云龙纹盖罐	清	高 20.9，口径 19.2，底径 12.8，盖直径 18.8	110
粉彩如意番莲纹盘	清	高 2.5，口径 14.7，底径 9.1	111
粉彩花蝶纹六方花盆（2 个）	清	高 17.6；口径：长 26.3，宽 22.8； 底径：长 21.8，宽 18.9	113
金地粉彩牡丹纹胆瓶	清	高 15.4，口径 2.2，底径 4.2，腹径 8.4	112
粉彩缠枝番菊开光花鸟纹瓶	清	高 21.3，口径 5.6，底径 6.4	114
粉彩花果蝴蝶纹碗	清	高 7.5，口径 17，底径 7	115
粉彩莲花童子壁挂（2 个）	清	长 26，宽 8.1，高 13.4	116
粉彩人物纹罐	清	高 28.6，口径 10.2，底径 14.3	117
粉彩柳马图盘	民国	高 3.5，口径 14.2，底径 8.5	118
粉彩月兔竹石纹瓶	民国	高 20.3，口径 3，底径 5	119
粉彩山水纹琮式瓶	民国	长 7.7，宽 7.5，高 28.3，底径 8.9	11、120

斗 彩

红 彩

绿 彩

金　彩

素三彩

参考书目

冯先铭主编：《中国陶瓷》，上海古籍出版社，1994。

《中国古陶瓷图典》编辑委员会编，冯先铭主编：《中国古陶瓷图典》，文物出版社，1998。

耿宝昌：《明清瓷器鉴定》，紫禁城出版社，1993。

叶佩兰：《中国彩瓷》，上海古籍出版社，2005。

耿宝昌、吕成龙主编：《杂釉彩·素三彩》，上海科学技术出版社，2009。

江西省文化厅文物处编印：《中国古代瓷器基础知识》，1984。

李黔滨主编：《贵州省博物馆藏品集》，贵州人民出版社，2013。

史继忠、黄小川编著：《贵阳名人》，贵州教育出版社，1990。

后记

　　作为贵州省博物馆从事陶瓷管理和研究的工作人员，有幸长期接触这些珍贵藏品，并进行梳理归纳，才得以完成此书。这个过程实际上是在不断思索、探究，不断提升对文物的了解和认知。由于馆藏彩瓷时间跨度大，品种繁多，故以时间为序进行综述，再以品种分类叙述，以望能明晰表达。同时，附以同人的两篇相关研究文章，尽可能地对馆藏彩瓷进行全面集中的介绍。诚然，根据馆藏实际情况，早期彩瓷的收藏相对匮乏，综述中只能粗略地将六朝、唐、宋、元进行笼统分段介绍。明、清以后彩瓷收藏从数量、种类上日渐丰富起来，故单独以各代分段表述。遗憾的是，传统彩瓷中的许多名贵品种如釉里红、青花金彩、珐琅彩等，我馆未能收藏，无法在这里呈现。另外，贵州历史上亦无彩瓷生产，虽然平塘牙舟陶可作为本土制陶的典范，却不属彩瓷范畴，不能纳入此书。这些缺失的部分，相信通过一代代贵州人、文博人的努力，不断探索、收集、创造，将来定会有所弥补，使馆藏更加丰富精彩。

　　图集的出版得到了馆领导的关心指导以及各位同人的帮助配合，在此一并感谢。当中定会有许多纰漏和不尽如人意的地方，有待进一步学习和提高，希望今后能更细致地做好相关工作，以臻完善。

唐　艳

于贵州省博物馆